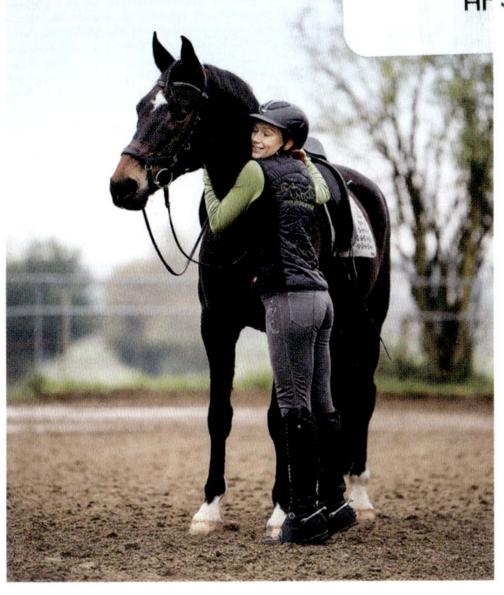

»Wir sind nur zu Gast auf dem Pferderücken und so sollten wir uns auch verhalten.«

Christoph Hess, Reittrainer und Ausbildungsbotschafter der FN

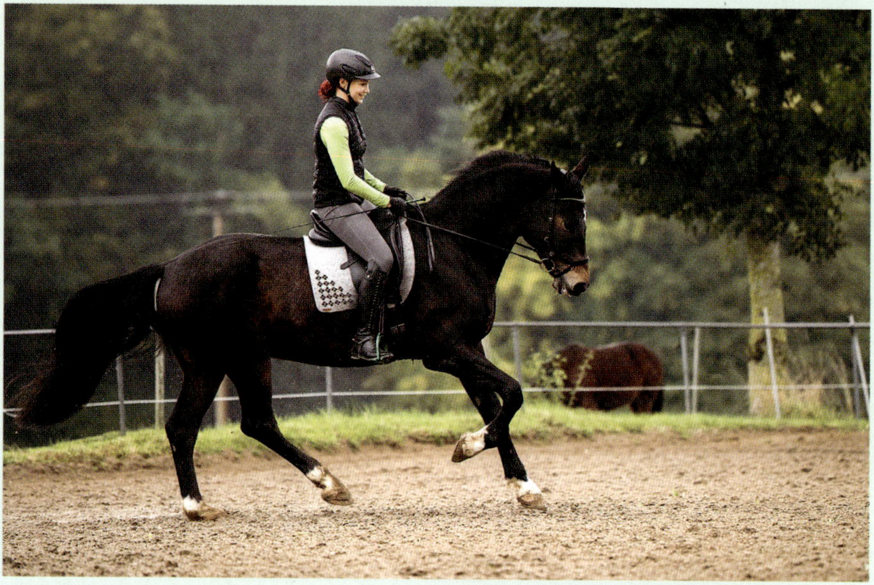

Korrektes Training kann man bunt und abwechslungsreich gestalten. Es muss nicht langweilig sein.

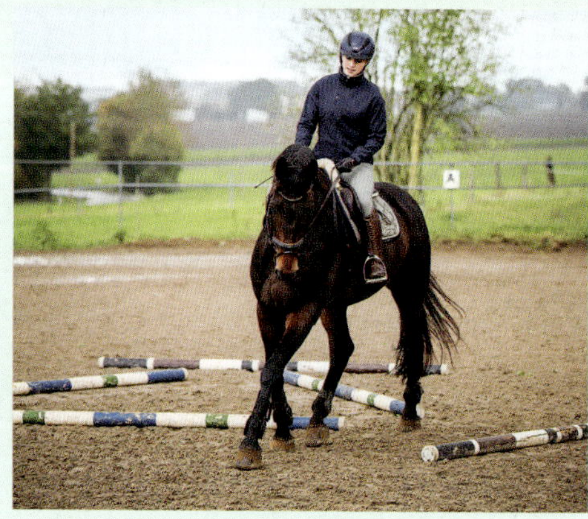

Inhaltsverzeichnis

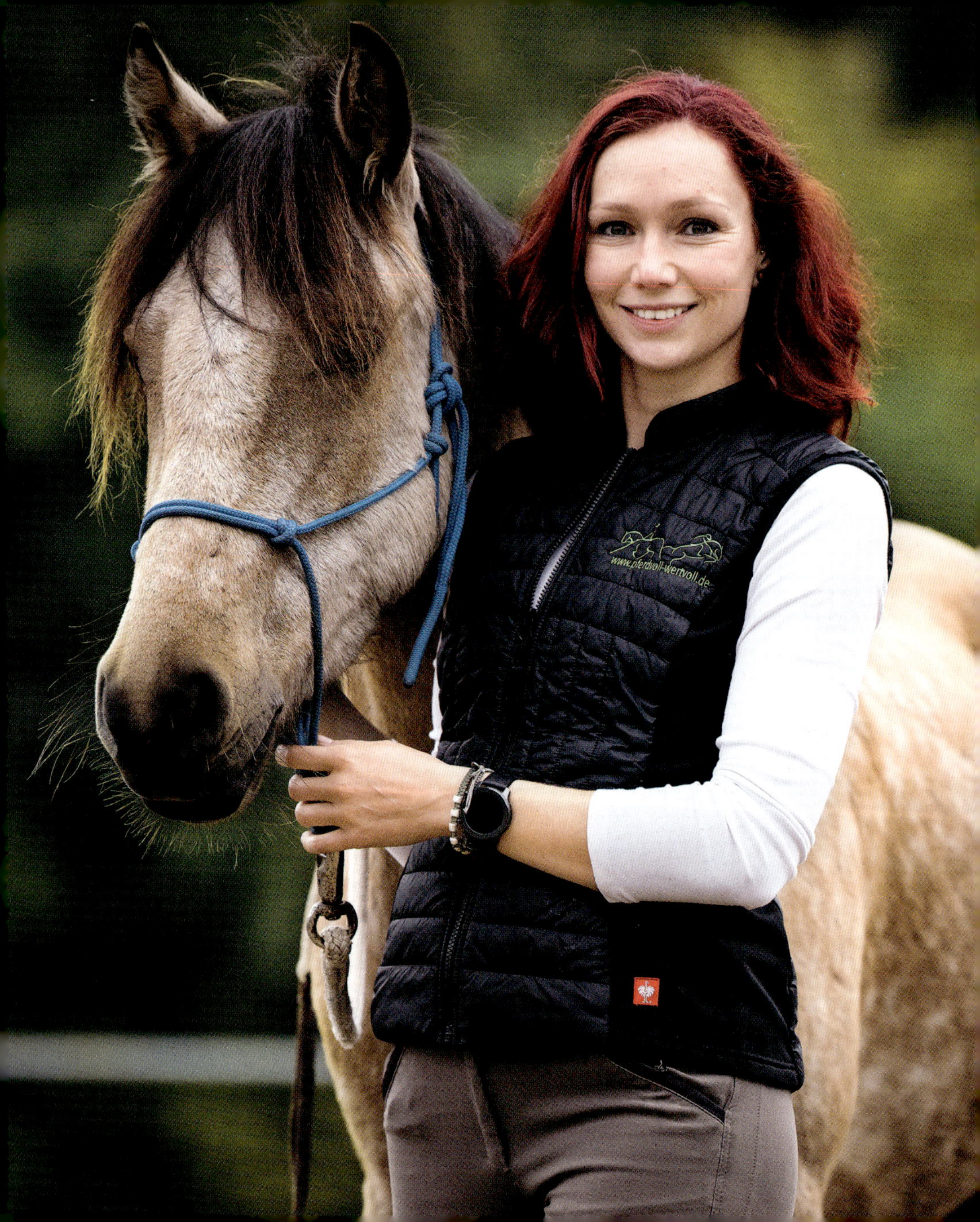
www.pferdvoll-wertvoll.de

Zu Beginn

Mit Pferden aufgewachsen, liegt mir deren Wohl sowie ihre korrekte und vielseitige Ausbildung sehr am Herzen. Von Kindesbeinen an schlägt mein Herz für den Pferdesport. Und es schlägt nicht nur für die korrekte Pferdeausbildung, sondern auch für die richtige Reiterausbildung. Pferd und Reiter sind für mich ein Team, das im gemeinsamen, aufeinander abgestimmten Training zusammen wachsen und zusammenwachsen sollte.

Vorwort

ÜBER MICH

Seit 2011 stehe ich aktiv als Trainerin in Reitbahnen, und da mir eine ganzheitliche Ausbildung von Pferden und Reitern sehr wichtig ist, habe ich neben dem Trainer C und Trainer B die Trainerergänzungsqualifikation Sitz- und Gleichgewichtsschulung und den Fitnesstrainer C-Lizenz absolviert.

Ich möchte bewirken, dass Reiter mehr Verständnis für ihre Pferde entwickeln und wieder mehr mit ihren Pferden arbeiten anstatt gegen sie. Tiere sind Lebewesen mit einem individuellen Charakter und Ausbildungsstand, keine »genormten« Sportgeräte. Und ganz gleich, wie gut ausgebildet ein Pferd ist, es hängt vom Ausbildungsstand und Gespür des Reiters ab, wie gut das Zusammenspiel wirklich funktioniert. Reiten ist ein so wunderbarer Sport mit so außergewöhnlichen, intelligenten und sensiblen Tieren. Reiter sind deshalb in der Pflicht, ihre »Sportpartner« so pferdegerecht wie nur möglich zu halten, zu trainieren und gesund zu erhalten.

WAS DIE BOX DIR GEBEN SOLL

Ich möchte mit meiner Box inspirieren und dich dazu anleiten, das Training für dich und dein Pferd interessant, abwechslungsreich und mithilfe der vielen verschiedenen Übungen bunt zu gestalten, damit das Üben und das Reiten leichter wird und Spaß macht, Tag für Tag, für jeden Ausbildungsstand, von Anfang an bis hin zu fortgeschrittenen Pferd-Reiter-Paaren.
Dass Reiten ohne Zweifel mehr ist, als sich einfach auf den Pferderücken zu schwingen und zu denken: »... das klappt dann schon«, ist dir sicherlich bewusst. Schließlich hältst du gerade diese Reittrainings-Box in der Hand. Nicht nur das Pferd braucht regelmäßige und vor allem richtige Übungen, sondern auch der, der im Sattel sitzt und das Training vorgibt - und zwar Übungen für Körper und Geist.

Umso besser man über die Reiterei, besonders in der Hilfengebung und deren Zusammenspiel mit dem Pferd Bescheid weiß, umso gelungener wird das eigene Tun. Das habe ich nicht nur selbst an mir erfahren dürfen, sondern sehe es jeden Tag bei der Arbeit mit meinen Reitschülern.
Das wundervolle Wesen Pferd wurde in deine Obhut gegeben und du als Reiter oder Besitzer stehst in der besonderen Pflicht, dein Tier so zu trainieren, dass es keinen Schaden nimmt. Egal ob du nun ein korrektes Training absolvieren möchtest, damit ihr lange Ausritte zusammen erleben könnt oder ob du erfolgreich an Turnieren teilnehmen willst.
Spätestens wenn sich ein Mensch auf einen Pferderücken setzt, sollte er sich mit den Trainingsbedürfnissen des Tieres auseinandersetzen. Wie reitet man ein Pferd, warum und wann werden verschiedene Hilfen eingesetzt und wie wird das Pferd am gesündesten trainiert? Diese Fragen sollte jede Reiterin

und jeder Reiter beantworten können. Mittlerweile gibt es in der Pferdeausbildung jede Menge toller Bücher zu den unterschiedlichsten Themen. Diese Reittrainings-Box soll ein zusammenfassendes Nachschlagewerk aus vielen verschiedenen Sparten sein. Abwechslungsreiches Training ist nicht nur für dein Pferd spannend, sondern auch für dich selbst. Es beschäftigt immer auch deinen Geist, und etwas zusammen mit dem Pferd zu erleben oder zu erarbeiten stärkt eure Bindung.

DIE IDEE

Die Idee zu dieser Trainingsbox entstand schon vor vielen Jahren. Ich wollte meiner Reitbeteiligung Lia einen bunten und abwechslungsreichen Plan für ihr Training mitgeben. Also habe ich die ersten Karten per Hand und mithilfe ausgedruckter Bilder aus dem Internet gestaltet.

Bald war der Kasten mit vielen Ideen gefüllt und es konnte losgehen: Immer, wenn eine von uns eine Übung mit dem Pferd gemacht hatte, sortierte sie diese Karte in eine von drei Ergebnis-Fächern ein: »hat gut geklappt«, »hat mittelgut geklappt«, »hat gar nicht geklappt«. – Ich war somit immer gut informiert darüber, was meine Reitbeteiligung mit welchem Erfolg trainiert hatte, und sie umgekehrt auch. Wir wussten beide, woran noch gearbeitet werden musste bzw. welche Übungen schon so gut funktionierten, dass sie nicht mehr so oft trainiert werden mussten. So entstand ein Trainingstagebuch in Form der vorliegenden Karten. 2019 ermutigte mich meine liebe Trainerkollegin Claudia dazu, diese Karten doch zu veröffentlichen, da sie von der Idee total begeistert war. »Das sollte in so vielen Sattelschränken und Reithallen stehen«, meinte sie.
Auf diese Weise ermuntert, begann die Arbeit. Ich machte mir Gedanken darüber, was Einsteiger wie Fortgeschrittene für ein ausgewogenes Training für Pferd UND Reiter benötigen, füllte noch mehr Karten mit Wissen, gliederte sie in die sieben Säulen und startete Ende 2019 den Verkauf der Box auf meiner Website.

Das Ganze wuchs und wuchs – 2020 stellte ich meinen damaligen Reiter-Karteikasten dem Gräfe und Unzer Verlag vor. Die Redakteure dort waren sofort Feuer und Flamme und wollten mit mir das Projekt in Angriff nehmen. Und nun hältst du diese wunderbare Reittrainings-Box in der Hand.

Die Box ist ein überschaubares Nachschlagewerk, mit dem du dein Wissen stetig erweitern und auffrischen und dein Training effektiver, abwechslungsreicher und somit bunter gestalten kannst.

Ich wünsche mir, dass du mit dieser Reittrainings-Box viel Freude hast und noch mehr Know-how und Verständnis für dein tägliches Pferdetraining bekommst,

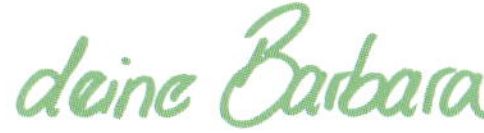

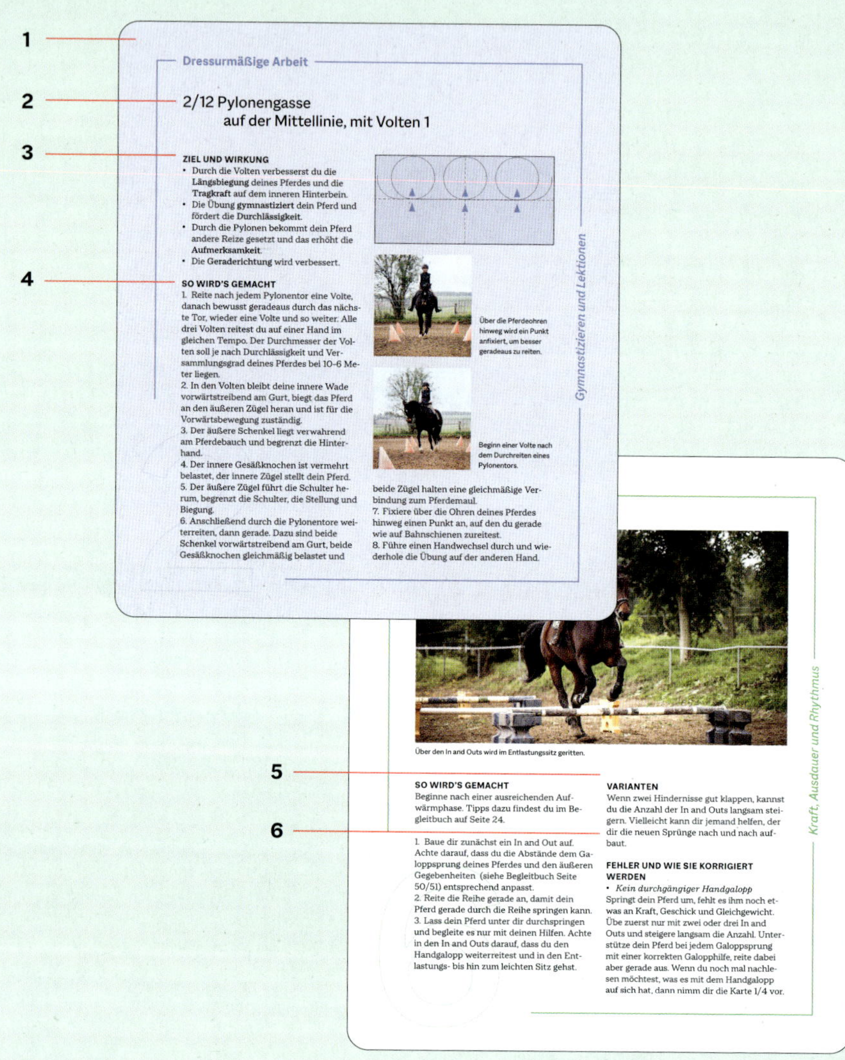

Dressurmäßige Arbeit

2/12 Pylonengasse auf der Mittellinie, mit Volten 1

ZIEL UND WIRKUNG

- Durch die Volten verbesserst du die **Längsbiegung** deines Pferdes und die **Tragkraft** auf dem inneren Hinterbein.
- Die Übung **gymnastiziert** dein Pferd und fördert die **Durchlässigkeit**.
- Durch die Pylonen bekommt dein Pferd andere Reize gesetzt und das erhöht die **Aufmerksamkeit**.
- Die **Geraderichtung** wird verbessert.

SO WIRD'S GEMACHT

1. Reite nach jedem Pylonentor eine Volte, danach bewusst geradeaus durch das nächste Tor, wieder eine Volte und so weiter. Alle drei Volten reitest du auf einer Hand im gleichen Tempo. Der Durchmesser der Volten soll je nach Durchlässigkeit und Versammlungsgrad deines Pferdes bei 10-6 Meter liegen.
2. In den Volten bleibt deine innere Wade vorwärtstreibend am Gurt, biegt das Pferd an den äußeren Zügel heran und ist für die Vorwärtsbewegung zuständig.
3. Der äußere Schenkel liegt verwahrend am Pferdebauch und begrenzt die Hinterhand.
4. Der innere Gesäßknochen ist vermehrt belastet, der innere Zügel stellt dein Pferd.
5. Der äußere Zügel führt die Schulter herum, begrenzt die Schulter, die Stellung und Biegung.
6. Anschließend durch die Pylonentore weiterreiten, dann gerade. Dazu sind beide Schenkel vorwärtstreibend am Gurt, beide Gesäßknochen gleichmäßig belastet und beide Zügel halten eine gleichmäßige Verbindung zum Pferdemaul.
7. Fixiere über die Ohren deines Pferdes hinweg einen Punkt an, auf den du gerade wie auf Bahnschienen zureitest.
8. Führe einen Handwechsel durch und wiederhole die Übung auf der anderen Hand.

Über die Pferdeohren hinweg wird ein Punkt anfixiert, um besser geradeaus zu reiten.

Beginn einer Volte nach dem Durchreiten eines Pylonentors.

Gymnastizieren und Lektionen

Über den In and Outs wird im Entlastungssitz geritten.

SO WIRD'S GEMACHT

Beginne nach einer ausreichenden Aufwärmphase. Tipps dazu findest du im Begleitbuch auf Seite 24.

1. Baue dir zunächst ein In and Out auf. Achte darauf, dass du die Abstände dem Galoppsprung deines Pferdes und den äußeren Gegebenheiten (siehe Begleitbuch Seite 50/51) entsprechend anpasst.
2. Reite die Reihe gerade an, damit dein Pferd gerade durch die Reihe springen kann.
3. Lass dein Pferd unter dir durchspringen und begleite es nur mit deinen Hilfen. Achte in den In and Outs darauf, dass du den Handgalopp weiterreitest und in den Entlastungs- bis hin zum leichten Sitz gehst.

VARIANTEN

Wenn zwei Hindernisse gut klappen, kannst du die Anzahl der In and Outs langsam steigern. Vielleicht kann dir jemand helfen, der dir die neuen Sprünge nach und nach aufbaut.

FEHLER UND WIE SIE KORRIGIERT WERDEN

- *Kein durchgängiger Handgalopp*

Springt dein Pferd um, fehlt es ihm noch etwas an Kraft, Geschick und Gleichgewicht. Übe zuerst nur mit zwei oder drei In and Outs und steigere langsam die Anzahl. Unterstütze dein Pferd bei jedem Galoppsprung mit einer korrekten Galopphilfe, reite dabei aber gerade aus. Wenn du noch mal nachlesen möchtest, was es mit dem Handgalopp auf sich hat, dann nimm dir die Karte 1/4 vor.

Kraft, Ausdauer und Rhythmus

Das steht auf der Übungskarte

Gemeinsames Trainieren kann für dich und dein Pferd zu einem ausgewogenen und vielseitigen Erlebnis werden. Wie genau die jeweiligen Übungen ablaufen, das ist auf jeder Karte beschrieben. Und so funktioniert es:

(1) Farbcode: Die Übungskarten sind in sieben Kategorien, sogenannte »Säulen«, unterteilt. Für jede Kategorie gibt es eine spezielle Farbe, mit der die Karten hinterlegt und zum schnelleren Erkennen auch am oberen Kartenrand markiert sind:

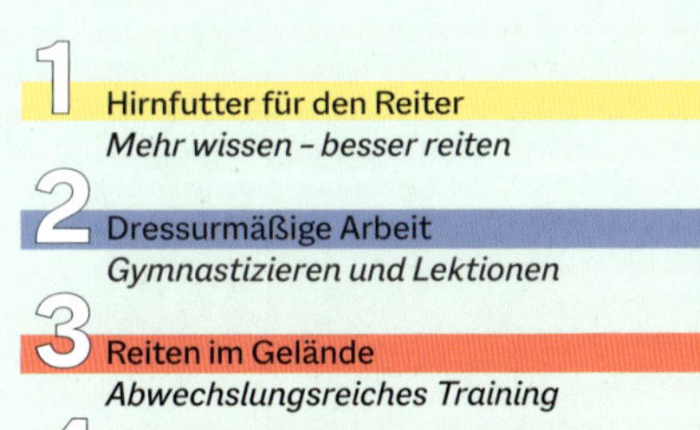

1 Hirnfutter für den Reiter
Mehr wissen – besser reiten

2 Dressurmäßige Arbeit
Gymnastizieren und Lektionen

3 Reiten im Gelände
Abwechslungsreiches Training

4 Arbeiten vom Boden aus
Longieren, Bodenarbeit, Pferdegymnastik

5 Stangenarbeit
Für noch mehr Abwechslung in der Reitbahn

6 Springen und Springgymnastik
Kraft, Ausdauer und Rhythmus

7 Reitergymnastik
Übungen mit und ohne Pferd

Zu jeder Kategorie gibt es außerdem eine Aufmacherkarte mit den Übungen bzw. Erklärungen im Überblick und praktischen Basis-Informationen. Und mit der achten Aufmacherkarte »Unsere Woche« kannst du dein persönlich zusammengestelltes Wochentraining von den anderen Karten in der Box abtrennen.

(2) Nummer und Name der Übung: Sie steht jeweils auf der Vorderseite der Karte und besteht aus der Säulennummer und der Übungsnummer.

(3) Ziel und Wirkung der Übung, Ausführung und mögliche Kombinationen oder Erklärung der Aufgabe.

(4) So wird's gemacht: Eine detaillierte Anleitung, je nach Übung mit Illustrationen oder Step-Fotos findest du auf der Vorder- oder Rückseite der Karte.

(5) Korrekturen/Varianten: Praktische Tipps zur Fehlerkorrektur und/oder Varianten findest du am Ende der Übung auf der Kartenrückseite, manchmal auch vor der Übung auf der Kartenvorderseite. Bei der Kategorie »Hirnfutter« und »Reitergymnastik« bekommst du vor allem viele Informationen und Tipps zu wichtigen Themen.

(6) Verweis auf das Begleitheft: Zusatzinfos und Basiswissen findest du im Begleitheft.

So trainierst du bunt und vielfältig – das Wochentraining mit der Reittrainings-Box planen

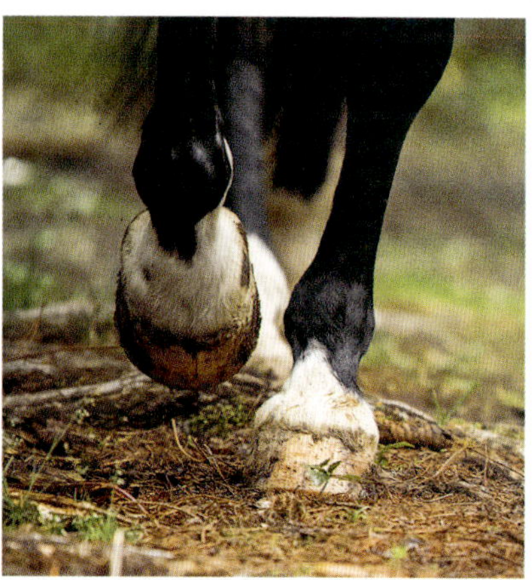

Reiten im Gelände und auf unterschiedlichen Untergründen fördert die Trittsicherheit.

Nimm dir einmal in der Woche Zeit, um die Trainingseinheiten mit deinem Pferd zu planen. Überlege dir für jede der sieben Säulen/ Kategorien, an was du in dieser Woche arbeiten möchtest und welche Karten dir dabei helfen. Und vergiss dabei bitte nicht die »Hirnfutterkarten«: Die Infos für die Hilfengebung, die Ausbildungsskala und die Hufschlagfiguren helfen dir dabei, dein Ziel zu erreichen. Wähle für deinen Wochenplan ebenfalls einige aus! Ohne die theoretischen Grundlagen bist du kein guter Trainingspartner für dein Pferd, denn du musst für euch beide denken und wissen, worauf es ankommt. Dein Pferd wird nämlich nur so gut laufen, wie es von dir geritten wird.

Sieht dein Wochenplan jetzt aus wie ein Regenbogen? Herzlichen Glückwunsch, das hast du gut gemacht! Sind alle Kartenfarben eingeplant, hast du ein buntes und somit ausgewogenes und abwechslungsreiches Training zusammengestellt. Stecke die Karten in der Box ganz nach vorne und trenne sie mit der Aufmacherkarte »Unsere Woche« ab. Du kannst dir die einzelnen Karten so einsortieren, wie du sie abarbeiten möchtest, also der Reihe nach, oder du entscheidest dich spontan, was für eine Karte du an deinem Pferdetag trainieren möchtest.

Tipp für Reiter mit Reitbeteiligung

Die Karten sind ein Garant für ein buntes Trainingsprogramm, sie sind darüber hinaus aber auch nützlich, wenn du eine Reitbeteiligung hast, die du mithilfe der Reittrainings-Box darüber informieren kannst, was schon trainiert wurde und was noch gemacht werden sollte: Wenn du die absolvierten Karten der Woche wieder zurücksortierst, wählt die Beteiligung automatisch eine »frische« Übung aus. Übungen, die noch nicht optimal funktionieren, können in der Wochenauswahl bleiben und so gleich noch mal geübt werden. Oder ihr sprecht euch ab und legt ein Extra-Fach für »Nachhilfekarten« an.

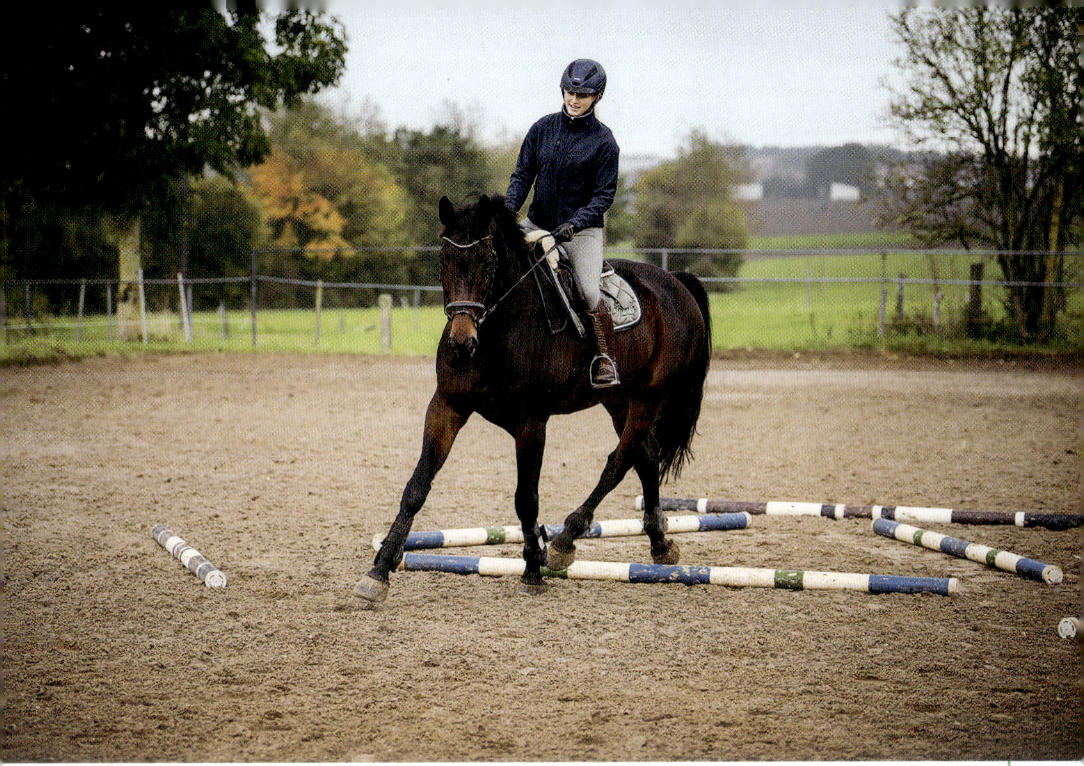

Stangenarbeit ist wie Dressurreiten, sie macht aber mehr Spaß.

UND SCHON KANN ES LOSGEHEN

Sobald du eine Karte sozusagen »abtrainiert« hast, also wenn sie gut funktioniert hat, wird sie wieder in den Kasten zu den anderen Karten einsortiert. Klappt eine Übung noch gar nicht oder noch nicht optimal, kannst du sie für eure nächste Woche vormerken.

EINEN TRAININGSKALENDER ANLEGEN

Um sicherzugehen, dass nicht jede Woche die gleichen Karten immer wiederkehrend trainiert werden, empfehle ich, einen kleinen Kalender als eine Art Trainingstagebuch zu führen. In diesem Kalender kannst du die einzelnen, schon absolvierten Übungen festhalten und mit Anmerkungen versehen: Was lief besonders gut, woran muss noch trainiert werden? War die Aufgabe zu schwer oder zu leicht? All dies sind wichtige Informationen für das weitere Planen deines Trainings.

Jetzt weißt du, wie du die Übungskarten mithilfe des Farbcodes Woche für Woche ganz einfach und abwechslungsreich kombinieren kannst. Im Hauptteil des Begleitheftes findest du alles Wissenswerte zu den Feinheiten eines zielgerichteten Trainings sowie detaillierte Informationen zu den einzelnen Säulen/Kategorien und ihrer Rolle im gesamten Training.

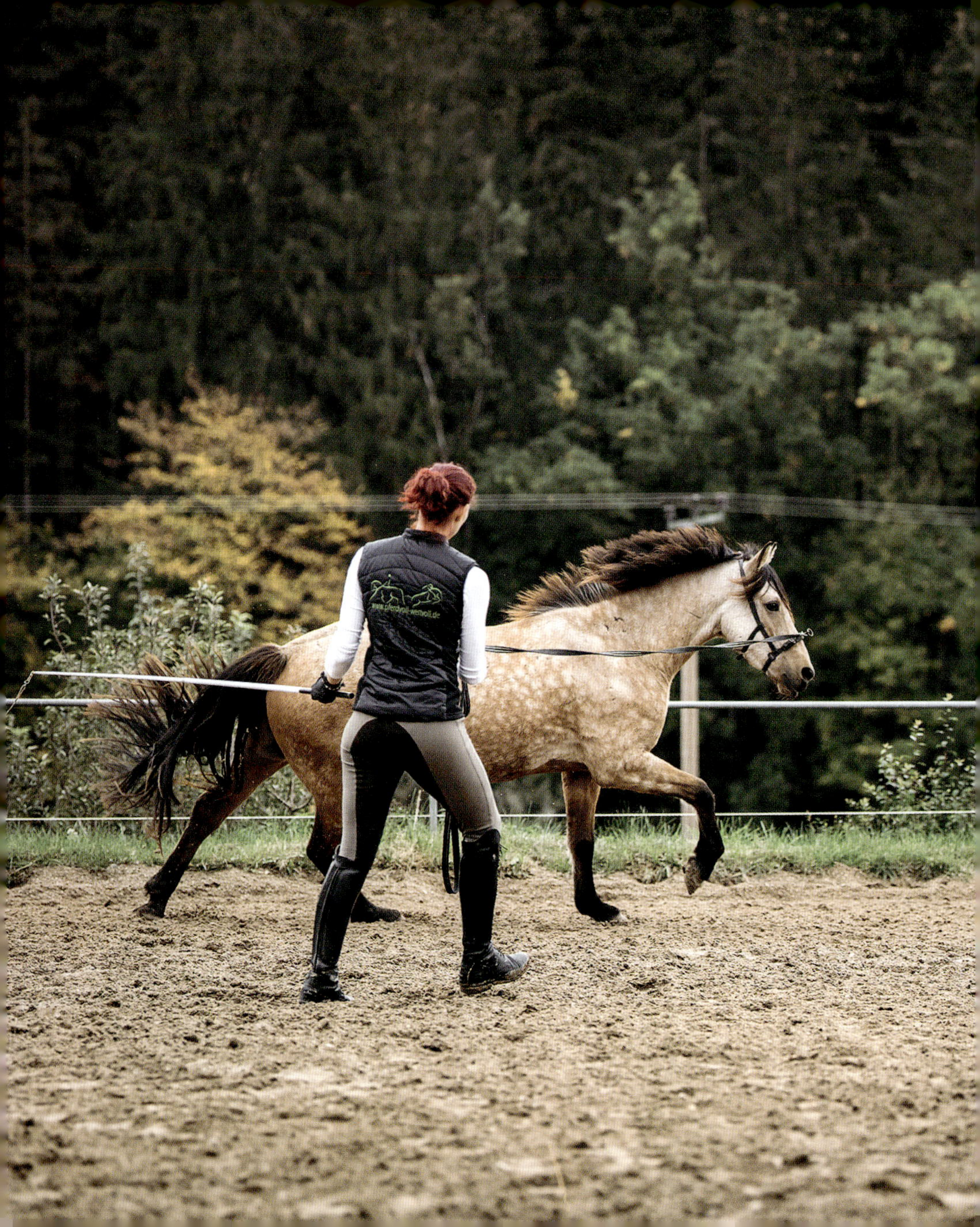

Gemeinsam optimal trainieren

Was macht ein gutes Basistraining eigentlich aus? Dass es abwechslungsreich, ausgewogen und gut für Pferd und Reiter sein muss, sollte selbstverständlich sein. Ob du eine spezielle Reitweise oder eine Disziplin ganz intensiv, vielleicht sogar wettkampfmäßig betreibst oder »nur« Freizeitreiter bist: Reiten ist ein Sport, und damit er nicht krank macht, musst du dafür auch trainiert sein. Jedes Training hat immer ein Ziel, das sich je nach Ausbildungsstand etwas anders definiert, aber doch im Zentrum der Trainingsplanung stehen sollte. Ob Anfänger oder Fortgeschrittene: Wie du dir die richtigen Ziele steckst und mithilfe der Trainingskarten auch erreichen kannst, das findest du in diesem Kapitel.

Warum jeder regelmäßiges Training braucht

Ich möchte dir - egal ob du Freizeitreiter, ambitionierter Freizeitreiter oder Turnierreiter bist - etwas ans Herz legen: Kümmere dich um dein Pferd! Und zwar nicht nur im Sinne von Stall, Futter, Herde, sondern in allen Belangen: im Training, im Umgang und in deiner Einstellung zu dem Pferd. Und das gilt unabhängig davon, ob du Profi oder Anfänger bist.

FREIZEIT- VERSUS TURNIERREITER

Laut einer Studie der Allensbacher Markt- und Werbeträgeranalyse (AWA) gaben 2016 rund 14 Millionen Befragte an, Interesse am Reiten zu haben. Laut dieser Studie bezeichnen sich 3,89 Millionen Menschen als Reiter, 1,25 Millionen betreiben die Sportart Reiten intensiv. Zudem stellte die Deutsche Reiterliche Vereinigung (FN) im Jahr 2019 insgesamt 80.342 Turnierlizenzen und 6.077 sogenannte Schnupperlizenzen aus.

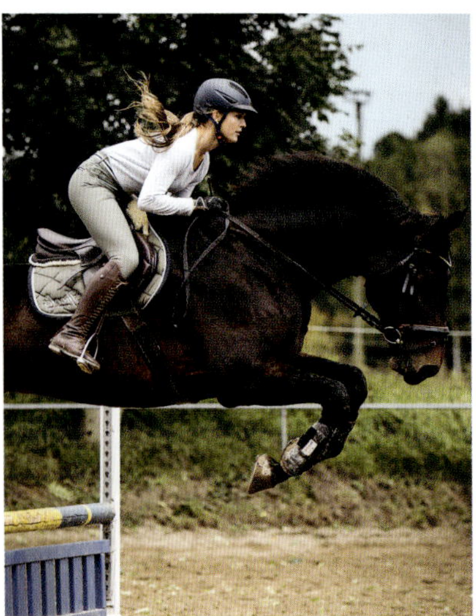

Egal ob ambitionierter Sport oder Freizeit, wer reitet, übernimmt Verantwortung.

Verschiedene Ausrichtungen - gleiche Vorgehensweise

Diese Zahlen lassen mich schlussfolgern, dass zwar großes Interesse am Turniersport besteht, aber die meisten Reiter in Deutschland sich als Freizeitreiter definieren. Doch was unterscheidet einen Turnierreiter von einem Freizeitreiter? Ich möchte mal ganz überspitzt behaupten, dass der Turnierreiter mit sehr viel Plan und Konsequenz an das Training des Pferdes herangeht. Er macht sich Gedanken um die korrekte Fütterung, die Haltung und alles, was zum Reiten noch so dazugehört. Turnierreiterinnen und -reiter verfolgen ein bestimmtes Ziel, das sie in einem festgelegten Zeitraum erreichen wollen. Ein Freizeitreiter will dagegen - wiederum überspitzt gesagt - nur ausreiten. Aber ganz unabhängig davon, ob jemand Freizeitreiter oder Turnierreiter ist, müssen wir alle, und damit meine ich jeden, der mit Pferden zu tun hat, unser Tier gesund und fair trainieren, damit es ein langes, glückliches und schmerzfreies Leben hat. Das ist oberstes Gebot, egal ob das Pferd als »Hochleistungssportler« im Turniersport oder als »Freizeitpartner« für uns da ist.

Was macht ein ganzheitliches Basistraining aus?

Basistraining umfasst mehr, als es der Name vermuten lässt. Für mich geht gutes Basistraining über die Gewöhnungsphase der Ausbildungsskala hinaus und arbeitet sich sogar teilweise hinauf bis zur Versammlung.
Mein Pferd soll gesund bleiben und mich lange tragen können. Und das kann es eben nur, wenn es abwechslungsreich, vielschichtig und auch mal über das eigene Können hinaus trainiert wird.

DAS RICHTIGE MASS

Raus aus der Komfortzone ...

Ich verwende hier immer gerne ein Beispiel: Wenn du jeden Tag 10 Sit-ups machst, wirst du nur sehr langsam ein Sixpack bekommen. Zudem wirst du auch selten mehr als 10 Sit-ups am Stück schaffen. Um mehr zu erreichen, musst du über dich hinauswachsen und dein Pensum nach und nach steigern. Also musst du, genau wie dein Pferd, raus aus der Komfortzone, um eine Verbesserung zu erzielen.

... aber immer mit einem guten Gefühl

Dein Pferd soll sich bei jedem Training immer wohlfühlen. Wenn das Tier sich anstrengen soll, darfst du es nicht grob behandeln, schimpfen oder bestrafen, wenn es das angestrebte Ziel nicht gleich erreicht.

Lobe auch die Zwischenschritte, die du gemeinsam mit deinem Pferd erreicht hast, denn jeder Schritt bringt dich näher ans Ziel. Manchmal geht es eben schneller und manchmal langsamer. Die Pferdeausbildung wird gerne mit einem Augenzwinkern so beschrieben: Fünf Schritte vorwärts - drei zurück.

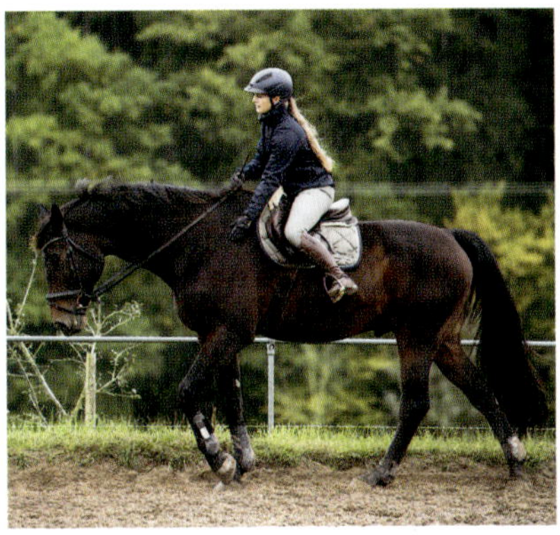

Man kann ein Pferd nicht zu oft oder zu viel loben.

GLEICHBERECHTIGUNG VON PFERD UND REITER

Sollte es wirklich mal gar nicht vorwärtsgehen, suche den Fehler zuerst immer bei dir und reflektiere deinen Beitrag zum Training: Gibst du klare Hilfen, bist du verständlich in der Hilfengebung? Oder hast du einfach zu viel von deinem Pferd verlangt und musst die Trainingsziele eventuell anpassen? Im Kapitel »Trainingsschwierigkeiten erkennen« (siehe Seite 29) findest du einige Erklärungen, warum es bei den Übungen nicht vorangeht, was die Ursachen sein können und wie du sie beheben kannst.

Neben all dem Training für das Pferd darfst du dich als Reiter nicht vergessen. Reiten ist ein Sport, auch wenn viele Nichtreiter etwas anderes behaupten würden. Jeder Reiter wünscht sich ein gesundes, sportliches und trainiertes Pferd, das gleichmäßig gymnastiziert und bemuskelt ist. Und hast du dabei schon einmal an dich gedacht? Du kannst von deinem Pferd nur das verlangen, was du auch selbst bereit bist zu geben. Oft musst auch du an deiner Fitness, deinen Theoriekenntnissen oder deinen praktischen Fertigkeiten arbeiten. Denn wenn du nicht in der Lage bist, dein Pferd auf beiden Händen gleich gut zu reiten, kannst du nicht erwarten, dass es auf beiden Händen gleich gut läuft. Der ausschlaggebende Faktor für das Gelingen des Trainings ist und bleibt der Reiter.

Plane eure Ziele

Große Ziele sind wichtig für die kleinen Zwischenschritte. Du solltest auf jeden Fall ein Ziel mit deinem Pferd haben, das über das normale »Ich möchte es gesund erhalten« hinausgeht, denn das ist kein Ziel, sondern die Grundvoraussetzung für dein Training!

DIE GRUNDFITNESS

Eine Grundfitness für Pferd und Reiter braucht es nicht nur für sportliche Ambitionen: Pferde sind Bewegungstiere - um gesund zu bleiben, sollten sie sich so oft wie möglich frei bewegen können, also ohne den Reiter auf dem Rücken, z.B. auf der Koppel im Herdenverband.
Um allerdings eine Grundfitness für das Pferd herzustellen, muss gezielt trainiert werden. Es empfiehlt sich, für die Grundkondition deines Pferdes zunächst im Schritt zu trainieren. Um die Fitness deines Pferdes besser einschätzen zu können, kannst du eine Pulsuhr verwenden, das sind spezielle Uhren für Pferde, die meist in Gurtlage unter dem Sattelgurt angebracht werden. Den Herzschlag deines Pferdes kannst du dann auf einer Armbanduhr oder App ablesen. Damit sich dein Pferd an das Konditionstraining gewöhnt, musst du 2-3 Mal pro Woche trainieren. Dazwischen sollte immer mindestens ein Tag Pause sein. Im Konditionstraining muss entweder das Pferd die gleiche Strecke schneller, aber mit gleichbleibendem Puls bewältigen oder eine längere Strecke bei gleichbleibendem Tempo und Puls.

Dass dein Pferd dazu auch traben muss, sollte klar sein. Die Grundfitness baust du allerdings im Schritt auf und führst dieses Training in Intervallen weiter. Du kannst das mit dem Joggen vergleichen: Zu Beginn fällt es dir auch leichter, wenn du zwischen den Laufstrecken immer wieder Gehpausen einlegst. Somit wirst du eine längere Strecke besser bewältigen.

Mehr zum Thema Konditionstraining findest du in den Karten der roten Säule, »Reiten im Gelände«.

WARUM ZIELE ZU HABEN GESUND IST

Stets auf ein Ziel hinarbeiten heißt nicht, dass die Belastung immer höher werden muss. Selbst Leistungssportler erreichen irgendwann die Grenzen der Belastbarkeit und es gibt auch ein »Zuviel« und das schadet Körper und Geist dann eher als dass es einen Nutzen bringt. Auf ein Ziel hin trainieren heißt vielmehr, etwas Neues lernen, verbessern, variieren. Das muss nicht schwerer oder komplizierter sein, nur anders als das, was du und dein Pferd schon können. Anfänger tun sich hier sicherlich leichter, aber auch Fortgeschrittene können sich immer neue Herausforderungen suchen.
Auch ein Zurück zu den Basics ist ab und zu gut und wichtig. Mit steigendem Können oder wenn sich Routine einschleicht, vergisst jeder von uns manchmal die eine oder andere Grundlage. In jedem Fall garantieren Ziele eines: Abwechslung, bewusstes und gezieltes Training. Und das befriedigt etwas, was Menschen wie Tiere von Natur aus alle haben: Neugierde und Abenteuerlust. Auch und vor allem deinem Pferd wird schnell langweilig werden, wenn das Training eintönig ist. Stell dir vor, du würdest jeden Tag nur Schritt, Trab und Galopp, ganze Bahn und Zirkel reiten, immer wieder im gleichen Trott und nach »Schema F«. Dass sogar du die Lust am Training dabei verlierst, ist dann schon vorprogrammiert.

ZIELE REALISTISCH SETZEN

Dein Ziel sollte realistisch sein und in einem vernünftigen zeitlichen Rahmen angesetzt werden. Und das hängt vor allem vom Ausbildungsstand von Pferd und Reiter ab:

- Für einen Reitanfänger wäre ein geeignetes Ziel: »In einem halben Jahr werde ich mein Pferd frei in der Halle bzw. auf dem Außenplatz reiten können. Und zwar im Schritt, Trab und Galopp auf dem Zirkel und ganze Bahn.«
- Für einen fortgeschrittenen Reiter könnte ein Ziel sein: »Bis zum Datum xy, werde ich im Schritt Schulter herein (siehe Karte 2/23) auf beiden Händen reiten können.«

Wenn du dir ein großes Ziel gesetzt hast, kannst du mithilfe der Karten darauf hinarbeiten. Nimm dir alle Trainingskarten, die leichter sind als dein Ziel, heraus. Diese Karten werden der Weg sein, bis du zum Schluss die Lektion perfekt absolvieren kannst.

Ziele für Anfänger

Ein Reitanfänger, der seine ersten Reitstunden hinter sich hat und das eigene Tun und die Natur des Pferdes besser verstehen will, wird sich vermehrt Karten für Hirnfutter und Reitergymnastik heraussuchen, etwas über Takt, Rhythmus und Gelassenheit lernen und sich dadurch eine Menge Wissen und körperliche Fitness aneignen.
Theoretisches Wissen als Reitanfänger aufzubauen ist enorm wichtig: Du solltest wissen, welche Übungen und Lektionen es gibt und wie du sie reitest. Wie gut du für welche Aufgaben gewappnet bist, entscheidet mit dir zusammen ein kompetenter Trainer an deiner Seite.

Ausbildungsskala des Reiters

AUSBILDUNGSSKALA DES REITERS
Generell sollten Reiter und Pferd einen roten Faden durch ihre Ausbildung haben. Die Deutsche Reiterliche Vereinigung e.V. beschreibt in ihrem Buch »Richtlinien für Reiten und Fahren«, Band 1, (29. Auflage 2012, Seite 64 ff.) die Ausbildungsskala des Reiters so:

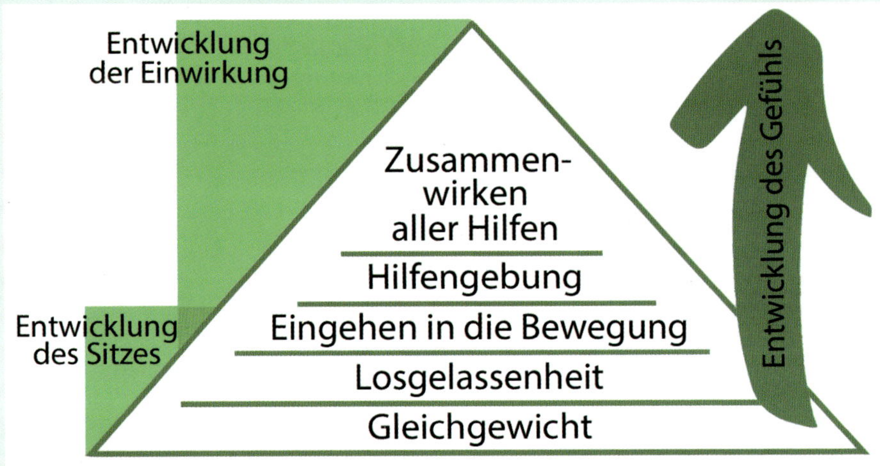

GLEICHGEWICHT
Du als Reiter musst lernen, dich auf dem Pferd selbst auszubalancieren, damit du dein Pferd so wenig wie möglich in der eigenen Balance störst. Am besten lernt man das mit einem guten Trainer an der Longe. Gerade für einen Reitanfänger sind Sitzlongen und spezielle Einheiten, in denen es nur um den Sitz geht, essenziell. Aber auch fortgeschrittene Reiter profitieren von Sitz- und Bewegungsschulungen.

LOSGELASSENHEIT
Unter dem Begriff Losgelassenheit versteht man die Fähigkeit, dass der Reiter aufrecht in einer gewissen Spannung auf dem Pferd sitzt, ohne dabei zu verkrampfen. Du musst also die Fähigkeit besitzen, deine Muskeln schnell anzuspannen und sie zu entspannen. Dazu benötigst du – und auch dein Pferd – eine innere Losgelassenheit und das bedeutet nichts anderes, als angstfrei auf dem Pferderücken zu sitzen.

EINGEHEN IN DIE BEWEGUNG

Bevor du die Bewegungen des Pferdes mithilfe deines Beckens beeinflussen kannst, musst du dich zuerst auf die Bewegungen des Pferdes einlassen und mitnehmen lassen. Wenn du die Bewegungen des Pferdes spürst und verinnerlicht hast, bist du auch in der Lage, diese zu steuern und das Beste aus der Bewegung herauszuholen.

HILFENGEBUNG

Wenn dein Sitz gut entwickelt ist und du ausbalanciert in der Bewegung deines Pferdes sitzt, bist du in der Lage, korrekte Hilfen zu geben, die dein Pferd wirklich versteht und befolgen kann. Dass du dazu natürlich auch die theoretischen Fähigkeiten und das Wissen über das Zusammenspiel der Hilfen benötigst, ist klar.
Über die Hilfengebung kannst du mehr auf den Karten der gelben Säule »Hirnfutter« erfahren.

ZUSAMMENWIRKEN ALLER HILFEN

Wenn du all die vorangegangenen einzelnen Punkte verstanden hast und umsetzen kannst, wird sich das Gelernte zu einem Ganzen zusammenfügen. Du wirst korrekt sitzen und korrekte und feine, ja fast unsichtbare Hilfen geben können.

ENTWICKLUNG DES SITZES

Darunter versteht man die ersten drei Punkte der Ausbildungsskala des Reiters: Gleichgewicht, Losgelassenheit und Eingehen in die Bewegung. Sie bilden sozusagen das Fundament deiner Ausbildung. Daran kannst und solltest du immer wieder arbeiten.

ENTWICKLUNG DER EINWIRKUNG

Darunter versteht man die letzten drei Punkte der Ausbildungsskala des Reiters: Eingehen in die Bewegung, Hilfengebung und das Zusammenwirken aller Hilfen. Diese drei Punkte beschreiben die Möglichkeiten, wie du auf dein Pferd einwirken kannst, d.h., womit und wie du dein Pferd steuerst, also deine Hilfen gibst.

ENTWICKLUNG DES GEFÜHLS

Je besser du im Reiten wirst, umso mehr wirst du dein Pferd verstehen lernen. Du wirst fühlen, wie es sich bewegt und welche Hilfen es in der jeweiligen Situation und bei der Übung gerade benötigt.

Drei-Punkte-Training

Alle Punkte stehen nicht für sich alleine, sondern greifen ineinander. Allerdings kann man beim Reiter tatsächlich sehr gezielt und differenziert an den ersten drei Punkten, Gleichgewicht, Losgelassenheit und Eingehen in die Bewegung, also an der Entwicklung des Sitzes, trainieren. Sie sind tatsächlich die Grundvoraussetzung für die weiteren Schritte in der Ausbildung des Reiters.

Ziele für fortgeschrittene Reiter

Der fortgeschrittene Reiter wird sich die Lektionenkarten als Ziel setzen und viele Dressurkarten, die ihm auf diesem Weg helfen. Aber auch Hirnfutter und eine ordentliche Portion Reitergymnastik und bunte Abwechslung sind wichtig.

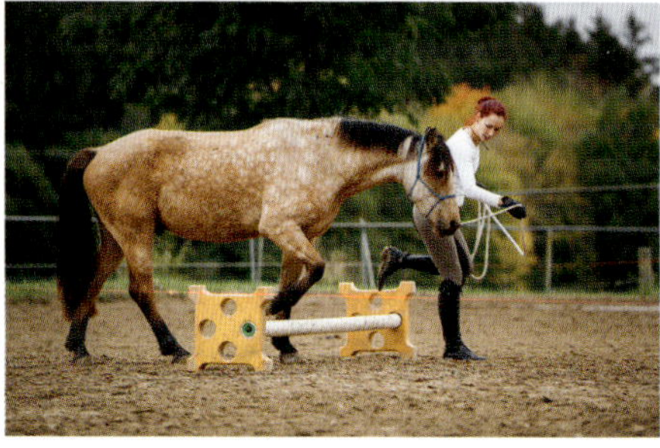

Bodenarbeit fördert die Beziehung von Reiter und Pferd.

DIE RICHTIGE MISCHUNG MACHT'S

Gutes Pferdetraining ist also planbar und kann deshalb auch ganz passgenau für Pferd und Reiter gestaltet werden, also genau so, wie es für dich und dein Pferd am besten ist. Wichtig finde ich bei allen Zielen, die du erreichen willst, dass du auf dem Weg dahin niemals die Freude und den Spaß am Umgang und Training mit deinem Pferd verlierst.

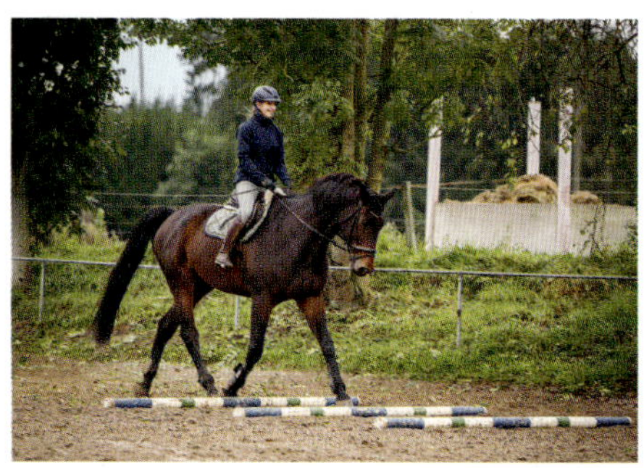

Stangenarbeit macht Reitern und Pferden gleichermaßen viel Spaß.

Damit das nicht passiert, solltest du dein Training bunt und abwechslungsreich gestalten. Plane entspannte Tage, Ausreittage, Wellnesstage genauso gezielt ein wie das Dressur- oder Springtraining. Reite nicht jeden Tag in der Woche und vor allem absolviere nicht jeden Tag das gleiche Programm, denn das wird nicht nur dich, sondern auch dein Pferd langweilen.

Abwechslungsreiches Training ist in meinem Basistraining sehr wichtig. Die Losgelassenheit und somit die Gesunderhaltung deines Pferdes ist eine wichtige Grundvoraussetzung. Für das Pferd zu denken ist wichtig, um das Training positiv und im Sinne des Pferdes zu gestalten. Ist der Grundstein einmal gelegt, wird es in großen Schritten in der Ausbildung vorangehen.

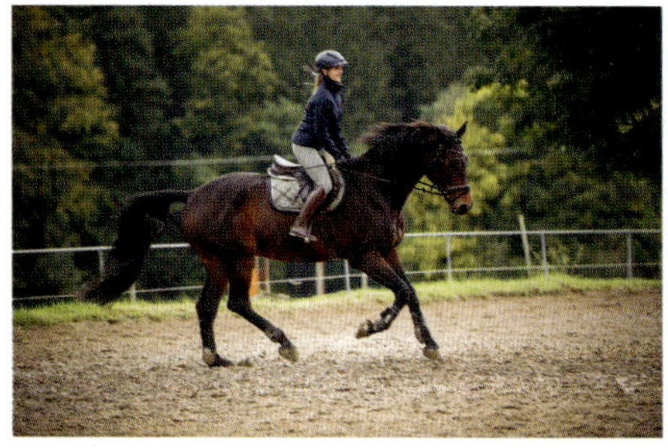

Abwechslungsreiches Training motiviert Pferd und Reiter.

Grundlegende Tipps zur Trainingsplanung

1 *Gestalte deine Woche bunt, das heißt, trainiere jeden Tag etwas anderes: ausreiten, longieren, Bodenarbeit oder Pferdegymnastik.*

2 *Suche dir für eine Dressureinheit höchstens drei Lektionen heraus. Von neuen Lektionen solltest du höchstens zwei trainieren, ergänzt durch eine, die bereits geübt ist und gut funktioniert.*

3 *Nach einem anstrengenden Tag plane am Folgetag etwas Entspanntes wie Bodenarbeit, Longieren, Gymnastik oder Ausreiten ein.*

4 *Suche dir Stangen- und Springkombinationen nach eurem Können aus. Beginne immer mit etwas Leichtem, steigere die Anforderungen langsam und gehe lieber einen Schritt zurück, wenn Unsicherheit bei dir oder deinem Pferd auftritt. Das stärkt das Vertrauen deines Pferdes in dich.*

5 *Sicherheit, Tier- und Reiterwohl sind immer das höchste Gebot. Du musst niemandem etwas beweisen.*

6 *Solltest du dir unsicher über die Ausführung einer Übung sein, frage einen erfahrenen Trainer oder Ausbilder.*

7 *Die Grundausbildung ist ein langer und steiniger Weg, den es sich aber zu gehen lohnt. Wenn die Basis stimmt, werden die schweren Lektionen fast wie von selbst funktionieren. Darum überstürze nichts, gehe es langsam und ruhig an. Sei geduldig, arbeite konsequent an dir selbst und rücksichtsvoll mit deinem Pferd.*

Wichtig!
Die Reittrainings-Box wird keinen Trainer oder Ausbilder ersetzen. Sie ist ein hilfreiches Instrument, um dich zu unterstützen. Bei Fragen wende dich daher bitte immer vertrauensvoll an deinen Trainer. Er hilft dir sicherlich auch, mithilfe der Trainingsbox einen perfekten Trainingsplan zu erarbeiten.

Bevor es losgeht

Um dein Training zusammen mit deinem Pferd optimal zu gestalten, gibt es einige wichtige Rahmenbedingungen.

DER RICHTIGE TRAININGSORT

Wo soll das Training stattfinden? In der Reithalle, auf dem Außenplatz, im Gelände? Um an einer Dressuraufgabe zu üben, ist eine Reithalle oder ein Außenplatz mit den jeweiligen Standardmaßen am besten geeignet. Grundlagen kann man dagegen überall trainieren.
Stangen- und Springtraining sollte nur auf rutschfestem Boden stattfinden, für konzentrierte Bodenarbeit ist ein ruhiges Plätzchen besser als die Wiese neben einer Bundesstraße.

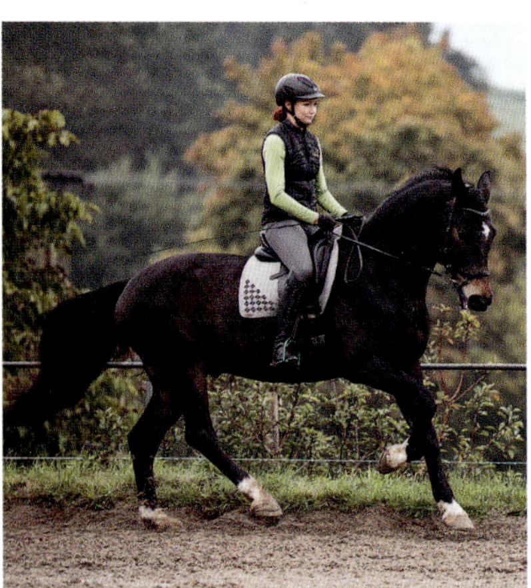

Die Wahl des richtigen Trainingsorts entscheidet mit über den Erfolg.

Wichtig!

- *Bei der Stangenarbeit die Stangen möglichst gut fixiert aufbauen, damit sie nicht wegrutschen können.*
- *Hindernisse immer so aufbauen, dass dein Pferd die Stangen abwerfen kann.*
- *Oxerstangen müssen immer auf sogenannten Sicherheitsauflagen liegen.*
- *Achte bei deinem Equipment auf Sicherheit, damit es weder bei dir noch bei deinem Pferd zu Verletzungen kommt.*

DAS RICHTIGE EQUIPMENT

Dein Equipment und das deines Pferdes sollten immer perfekt passen und bequem sitzen. Nichts darf euch beide in der Bewegung behindern. Sattel, Trense, Kappzaum, Beinschutz beim Pferd: Es darf nichts reiben oder Druckstellen verursachen. Die Suche nach der passenden Ausrüstung kann etwas Zeit in Anspruch nehmen. Das Gleiche gilt natürlich auch für deine Ausstattung: Die Reithose soll gut sitzen, nirgends zwicken oder einengen, genauso wie der Reiterhelm. Schuhe oder Stiefel sollen dir guten Halt geben. Hilfsmittel beim Trainieren, wie z.B. die Stangen, müssen den Sicherheitsstandards entsprechen. Stangen dürfen nicht splittern, sollte ein Pferd mal daraufsteigen.

DIE RICHTIGE HALTUNGSFORM

Pferde sind Steppentiere. In freier Wildbahn bewegen sie sich etwa 16 Stunden lang langsam fort, in der Regel während der Futteraufnahme. Die übrige Zeit dösen sie im Stehen oder Liegen. Und als Herdentiere sind sie niemals alleine anzutreffen.
In der heutigen Pferdehaltung kommt es selten vor, dass sich Pferde so lange frei bewegen dürfen. Meist stehen sie nur ein paar Stunden, oft sogar alleine, auf einer Koppel oder in der Paddockbox. Den Rest des Tages stehen sie in ihren Stallboxen und werden für eine Stunde zum Reiten herausgeholt. Es ist nicht verwunderlich, dass Muskeln, Sehnen und Bänder auf diese Weise etwas steif werden. Oft sind so gehaltene Pferde etwas ungestüm und bocken gerne, um die überschüssige Energie loszuwerden.

Contigo

Mein Pferd Contigo verbringt an sehr heißen Tagen die Nacht mit seiner Herde auf der Koppel. Er ist so ca. 16 Stunden lang im Freien. Im Winter hat er zusammen mit seiner Herde viel Platz in einem großen befestigten Paddock und bei Heu und Wasser 13-14 Stunden am Tag zur freien Verfügung. Das war nicht immer so, die Umstellung merke ich aber enorm. Contigo ist viel zufriedener und beim Reiten setzt er die Übungen sehr schnell um.

DIE MENTALE UND PHYSISCHE FITNESS DES REITERS

Deine körperliche und geistige Fitness spielt eine ausschlaggebende Rolle für den Erfolg eures Trainings. Gehst du mit negativen Gedanken, z.B. mit der Einstellung »Das wird doch eh heute nichts«, ans Werk, wirst du das Trainingsprogramm nicht zufriedenstellend bewältigen. Gehst du dagegen mit einer guten Grundspannung und mit positiven Gedanken an die Aufgabe heran, wirst du schneller einen Erfolg erzielen.

Checkliste für ein sicheres Trainieren

- *Vor jedem Training gibt es eine ausgiebige Aufwärmphase, um Verletzungen zu verhindern.*
- *Stell sicher, dass du Hilfengebung und Hufschlagfiguren beherrschst.*
- *Alle Hufschlagfiguren können mit Hilfe von Stangen und Pylonen sichtbar gemacht werden. Nutze sie als Begrenzung oder Anhaltspunkte.*
- *Höre immer auf dein Pferd und schalte einen Gang zurück, bevor du dich und dein Pferd überforderst.*
- *Beende jede Einheit mit einem positiven Gefühl, auch wenn das bedeutet, die Übung wieder leichter zu machen.*
- *Sobald Takt und Losgelassenheit nicht mehr stimmen, solltest du die Aufgabe von vorne beginnen.*

Die drei Phasen des Trainings

Das Training ist immer, egal ob du Bodenarbeit, Longieren, Dressur, Stangenarbeit oder Springen trainierst, nach folgendem Grundschema aufgebaut:

Lösungsphase (Aufwärmphase) - Arbeitsphase - Erholungs- /Entspannungsphase (Abwärmphase)

Wichtig!
Die Lösungsphase und das Erreichen der Losgelassenheit kann unter Umständen die ganze Trainingseinheit in Anspruch nehmen.

PHASE 1: LÖSUNGSPHASE (AUFWÄRMEN)
Das Aufwärmen gehört zu jedem Training dazu. Für ein gut ausgebildetes Pferd kannst du ca. 20 Minuten veranschlagen, junge, nicht ausgebildete Pferde benötigen mehr Zeit.

In der Pferdeausbildung geht es nicht ohne Losgelassenheit. Erst wenn sie erreicht ist, sind alle Übungen in der Arbeitsphase sinnvoll. Es erfordert einiges an Einfühlungsvermögen zu erkennen, ob dein Pferd nach einer langen Lösungsphase noch genügend Energie und Kraft für eine Arbeitsphase hat. Auf Seite 32 unter »Erschöpfung erkennen« findest du Anhaltspunkte.

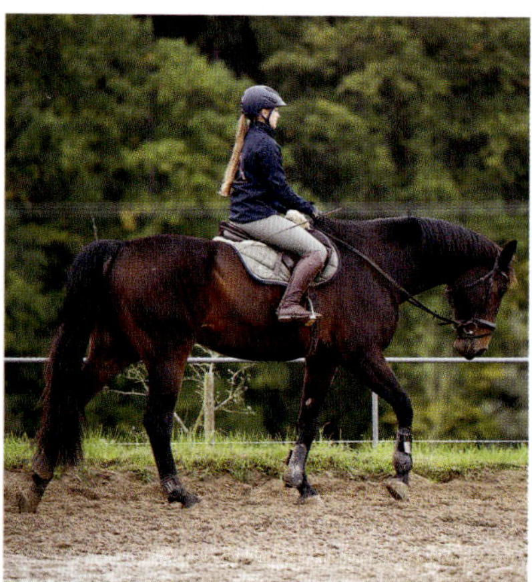
Mindestens 10 Minuten fleißiger Schritt am langen Zügel sollte Teil der Aufwärmphase sein.

Richtig warm reiten oder warm laufen
Gehe oder reite mindestens 10 Minuten, besser 20 Minuten (besonders im Winter) mit deinem Pferd Schritt, damit sich Muskeln, Sehnen und Bänder aufwärmen. Das verhindert Verletzungen und Verspannungen. Außerdem wird im Schritt Gelenksschmiere produziert, die den Knorpel u.a. vor vorzeitiger Abnutzung schützt.

Gestalte die Zeit kreativ:
- Gehe gelassen neben deinem Pferd her und mache Gehübungen, um dich selbst aufzuwärmen. Mache Bewegungsübungen auf dem Pferd.
- Wechsle zwischen aufgenommenen und hingegebenen Zügeln.
- Reite/führe Hufschlagfiguren (große gebogene Linien).
- Reite/führe Tempiwechsel.

Trabarbeit

Anschließend solltest du mit deinem Pferd mindestens 10 Minuten im Trab arbeiten, bevor du es angaloppierst.

Gestalte die Zeit kreativ:

- Reite viele Hufschlagfiguren auf großer gebogener Linie.
- Wechsle oft die Hand, auch beim Longieren.
- Reite in Innen- und Außenstellung.
- Reite/longiere Tempiwechsel.
- Reite/longiere Übergänge (Schritt-Trab, später auch Halt-Trab).
- Zügelmaß verkürzen und dann wieder aus der Hand kauen lassen.

Galopparbeit

Im ersten Galopp solltest du deinem Pferd zuerst die Möglichkeit geben, sich noch einmal zu strecken und den Rücken zu wölben. Dazu gehst du am besten in den Entlastungssitz. Meistens genügt es dabei schon, wenn du den Oberkörper leicht vor die Senkrechte nimmst.

Gestalte die Zeit kreativ:

- Reite/longiere Tempiwechsel und Übergänge.
- Verändere das Zügelmaß.
- Reite in Innen- und Außenstellung.
- Wechsle regelmäßig die Hand.

Richtig aufgewärmt? – So erkennst du es

Die Lösungsphase ist beendet, wenn dein Pferd korrekt vorwärts-abwärts läuft beziehungsweise beim Reiten korrekt »Zügel aus der Hand kaut«. Dein Pferd hat die Losgelassenheit erreicht, ohne die es im Training nicht pferdegerecht weitergehen kann.

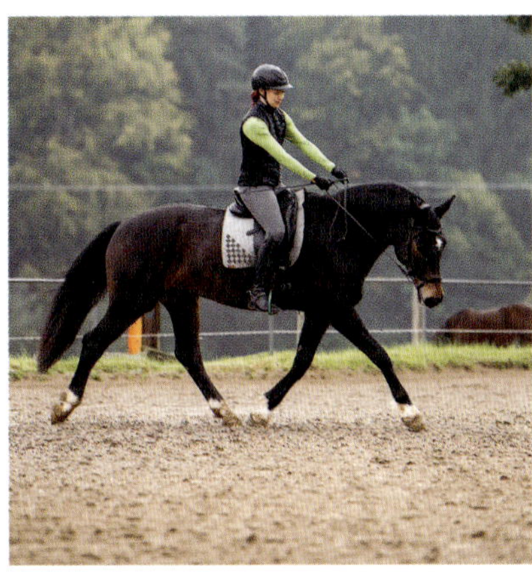

Hände vorgeben, um die Dehnungsbereitschaft des Pferdes zu überprüfen.

Aufwärmen für den Reiter

Deine Aufwärmphase vor Trainingsbeginn kann so aussehen: Putze dein Pferd mit beiden Händen, um deine Koordination zu stärken, bücke und strecke dich, das stellt dein Herz-Kreislauf-System auf die bevorstehende Arbeit ein. Durch das ausgiebige Putzen stellst du außerdem eine Verbindung zu deinem Pferd her. Du wirst schnell erkennen, welche Gemütslage es hat und ob Verspannungen oder sogar Verletzungen vorliegen.

PHASE 2: ARBEITSPHASE

Nach der Lösungsphase und einer Pause am hingegebenen Zügel (2–5 Minuten, bis sich die Atmung deines Pferdes wieder beruhigt hat) kann die Arbeitsphase beginnen.

Ablauf der Arbeitsphase

Gestalte deine Arbeitsphase immer nach dem Motto »vom Leichten zum Schweren«. Plane 20–30 Minuten für die Arbeitsphase ein. Wenn dein Pferd alle Lektionen nach ca. 15 Minuten einwandfrei absolviert hat, kannst du die Phase auch früher beenden.

- Gestalte die Arbeitsphase abwechslungsreich, reite aber nicht zu viele verschiedene Lektionen auf einmal. Suche dir im besten Fall zwei bis vier Aufgaben aus. Mindestens zwei von ihnen sollten schon gut funktionieren, eine neue kann dabei sein.
- Wähle zu Beginn eine Übung aus, die ihr schon gut könnt. Anschließend kommt eine neue Aufgabe, die am besten auf die vorherige aufbaut. Beispiel: Schulter vor und dann Schulter herein, oder Schulter herein und Kurzkehrt, Übergang Schritt – Trab und dann Galopp – Trab etc.
- Wiederhole Lektionen, besonders solche, die gut klappen, nicht zu oft. Lobe dein Pferd und gönne euch eine Pause.
- Lege grundsätzlich alle 2–4 Minuten eine Pause am langen Zügel ein, damit sich dein Pferd optimal erholen kann.
- Sollten Probleme im Takt, in der Losgelassenheit oder Anlehnung auftreten, musst du diese drei Punkte erst wiederherstellen, bevor du fortfährst. Die Losgelassenheit und somit den Takt kannst du durch das Reiten von Übergängen, Zügel aus der Hand kauen lassen und das Reiten von großen gebogenen Linien, auch im Leichttraben, wiederherstellen. Die Anlehnung wird immer mit korrektem »von hinten nach vorne an das Gebiss reiten« korrigiert, niemals durch aktive oder gar grobe Handeinwirkung. Auch eine Pause am langen Zügel kann sinnvoll sein, da fehlender Takt, fehlende Losgelassenheit und Anlehnung auch ein Anzeichen von Ermüdung sein können.
- Beende deine Arbeitsphase immer mit einer positiven Übung, auch wenn das bedeutet, dass du wieder zu einer leichteren Lektion wechseln musst.
- Beende die Arbeitsphase mit einem Zügel-aus-der-Hand-kauen -Lassen, reite noch einige Runden korrekt Vorwärts-Abwärts, pariere durch zum Schritt, lobe dein Pferd ausgiebig und leite die Abwärmphase ein.

Genug gearbeitet? – So erkennst du es

- Du musst dein Pferd vermehrt treiben, es legt sich vielleicht etwas mehr auf die Hand, trägt also den Kopf nicht mehr selbst.
- Dein Pferd braucht häufigere und längere Pausen.
- Es reagiert nicht mehr so prompt wie zu Beginn der Arbeitsphase.
- All das sind Anzeichen dafür, dass du das Training mit einem guten Abschluss beenden solltest. Dein Pferd hat alles gegeben, was es kann, und hat sich ein Lob verdient.

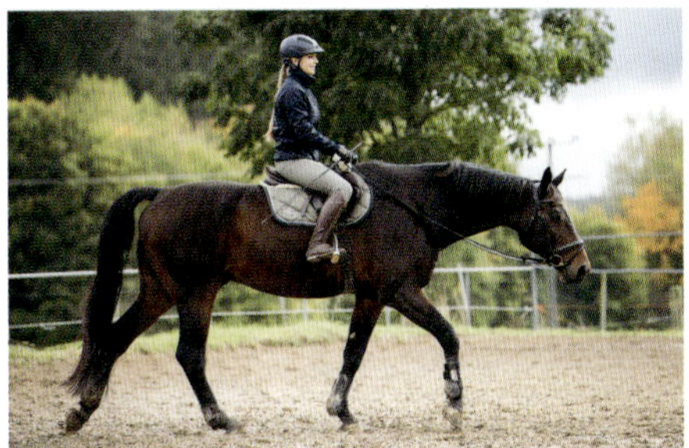

Schrittpausen in der Arbeitsphase sind wichtig ...

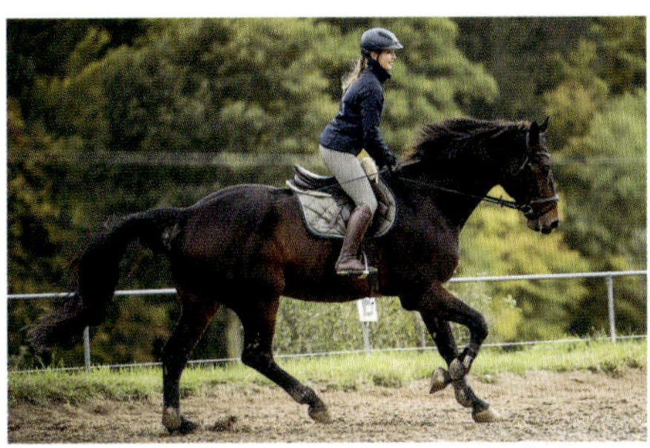

... damit dein Pferd wieder motiviert und voller Kraft mitarbeiten kann.

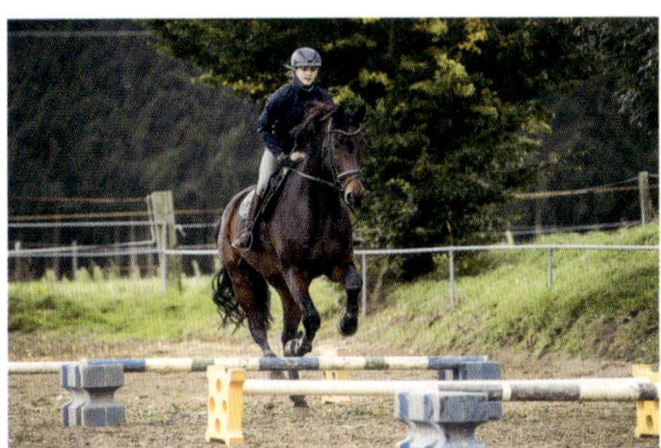

Springgymnastik fördert die Kraft deines Pferdes.

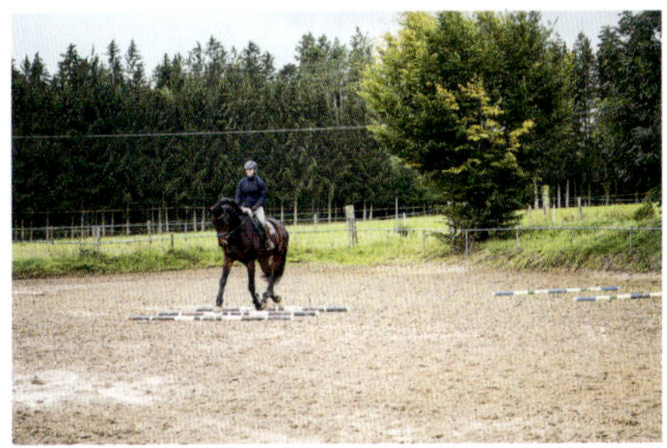

Stangenarbeit bietet Abwechslung und erfordert präzises Reiten.

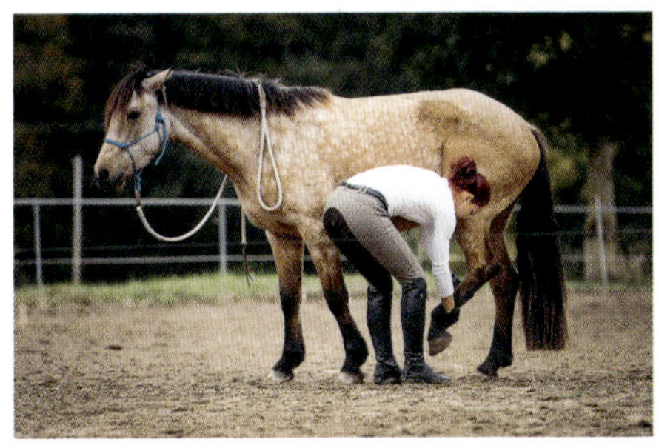

Vom Boden aus kann man gezielte Übungen machen.

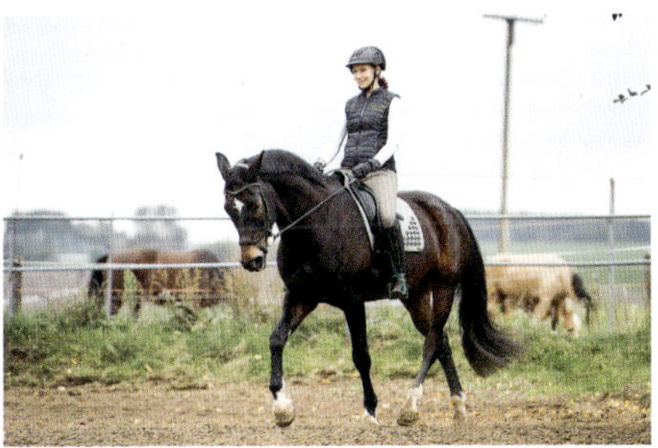

Mit der Dressurarbeit wird trainiert, dass dein Pferd dich tragen kann und dabei gesund bleibt.

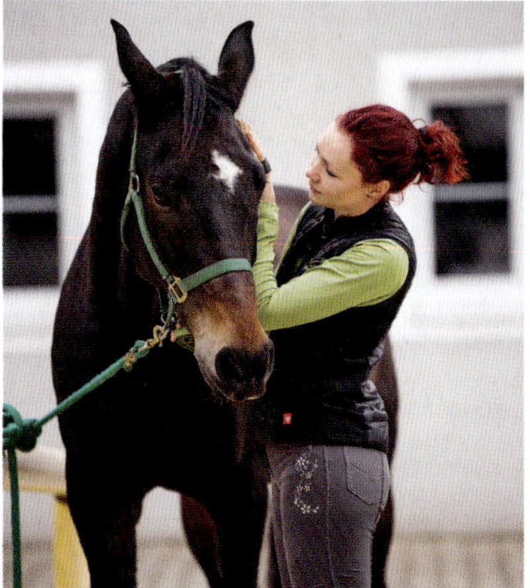

Nach dem Reiten noch einmal das Pferd striegeln – das gefällt nicht nur dem Pferd.

PHASE 3: ERHOLUNGS-/ENTSPANNUNGS-PHASE (ABWÄRMPHASE)

Die Abwärmphase dauert wieder 10–20 Minuten und ist vom Trainingszustand des Pferdes abhängig. Jetzt sollen sich Atmung und Puls deines Pferdes beruhigen.
Durch die weitere Bewegung im Schritt wird alles aus den Muskeln abtransportiert und so Muskelkater oder Verspannungen verhindert. Das Pferd reguliert auch wieder seine Temperatur und »schwitzt ab«. Das Nachschwitzen kann so verhindert werden.

Ablauf der Abwärmphase

Die Abwärmphase beginnt mit einem korrekten Zügel-aus-der-Hand-kauen-Lassen, dabei lässt du dein Pferd locker, aber nicht faul vorwärts-abwärts auf beiden Händen traben. Anschließend parierst du durch zum Schritt, lobst es ausgiebig und reitest Schritt am langen oder hingegebenen Zügel.

Gestalte die Zeit kreativ:

- Reite/führe Hufschlagfiguren.
- Gehe/führe eine Runde Schritt ins Gelände.

Genug abgewärmt? – So erkennst du es

Wenn dein Pferd gleichmäßig und ruhig atmet, sollten die Atmung und auch der Puls reguliert sein, und das Ende der Abwärmphase ist erreicht. Dein Pferd sollte auf keinen Fall schnell atmend, mit weit aufgeblähten Nüstern in die Box gestellt werden.
Hat dein Pferd stark geschwitzt, muss es noch so lange Schritt gehen, bis die Haut trocken ist. Besonders im Winter ist das wichtig, damit das Pferd nicht auskühlt und eventuell einen Infekt bekommt.

Das Beste zum Schluss

Nach einer Trainingseinheit freut sich das Pferd, wenn es noch einmal geputzt wird. Die kleine Massage lockert die Muskeln, steigert das Wohlbefinden und der Schweiß wird aus dem Fell geputzt. Gerade im Winter ist das wichtig, weil ein Pferd mit verklebtem Fell seine Haare nicht so gut aufstellen kann, um so ein Wärmepolster zu bilden. Putzen fördert zudem immer die Bindung zwischen dir und deinem Pferd.

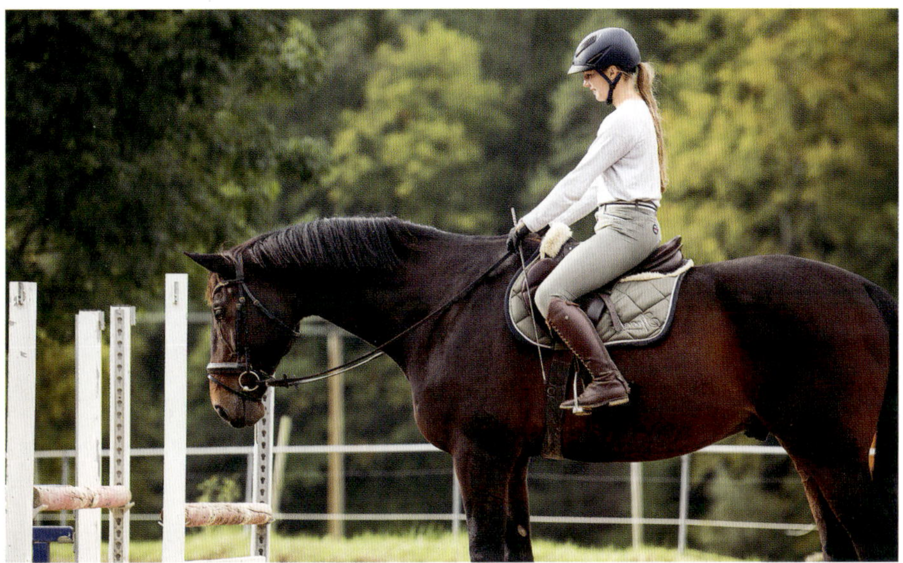

Trainingsschwierigkeiten erkennen und vorbeugen

»Der hat jetzt ...«, »Der soll sich nicht so anstellen«, »Letztens hast du es doch auch gemacht!«, »Du weißt doch genau, was ich will, stell dich nicht so an!« - Sätze, die ich (leider) immer wieder während Reitstunden und auf der Reitbahn höre.

IST MEIN PFERD FAUL ODER NUR MÜDE?

Doch was steckt dahinter, wenn ein Pferd nicht mitmacht und nicht so will wie du? Ist es einfach faul? Hat es keine Lust? NEIN, denn: Das Pferd ist immer nur so gut wie sein Reiter.

Ein Beispiel: Du kommst gehetzt von der Arbeit, dein Chef hat dich mal wieder aufgehalten. Du bist gestresst und denkst dir schon auf dem Weg zur Reithalle: »Das wird ja eh nichts!« - Und Überraschung: Die Reitstunde wird wirklich nicht toll.

Mentale Einstellung des Reiters

Deine eigene Stimmung und mentale Einstellung zum Training sind entscheidend für den Erfolg oder Misserfolg der Trainingseinheit. Blockierst du dich selbst, wirst du nicht fühlen, welche Hilfen dein Pferd braucht, und kannst es nicht optimal unterstützen.

Nach einem ohnehin schon nervenraubenden Arbeitstag wirst du dann eventuell auch noch sauer auf dein Pferd sein, da es nicht die übliche Leistung gezeigt hat. Obwohl das eigentliche Problem an diesem Tag du selbst warst.

Der begrenzende Faktor

Dein Pferd ist immer nur so gut, wie du es reitest. Der große begrenzende Faktor für die Leistung eines Pferdes ist also der Reiter. Setzt dein Pferd etwas nicht wie gewünscht um, dann musst du überlegen, was du anders machen musst, damit es dich versteht.

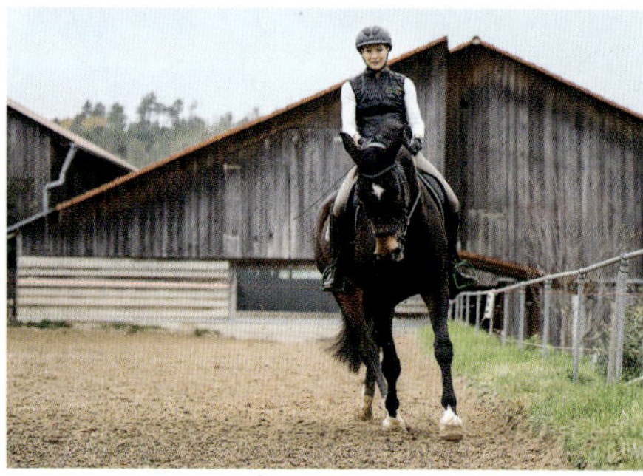

Ein Pferd ist nur so gut, wie sein Reiter es reitet.

DEM PFERD BEIM DURCHHALTEN HELFEN

Es kann aber auch daran liegen, dass du dem Pferd durch eine »unmotivierende« Vorgehensweise unwissentlich signalisierst, dass es besser wäre, in den Schongang zu schalten: Denke bei jeder Reiteinheit daran, genügend Pausen am langen Zügel einzulegen, vor allem bei sehr anstrengenden Übungen. Bemüht sich dein Pferd außerordentlich, dann sollte es erst einmal ein dickes Lob geben. Gehe anschließend einige Runden am langen Zügel Schritt. Diese Pause zeigt deinem Pferd, dass es genügend Zeit bekommt, um die Kraftreserven wieder aufzufüllen.

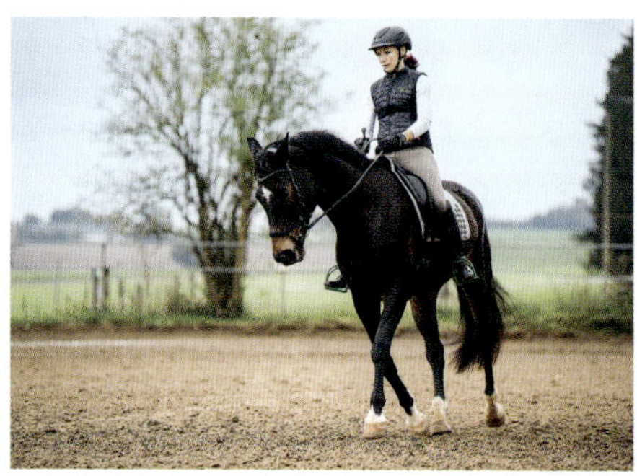

Training jeglicher Art ist auch für das Bewegungstier Pferd anstrengend.

Wie im Fitnessstudio

Du bist im Fitnessstudio. Du weißt, dass du 60 Minuten ohne Pause Krafttraining machen musst. Wirst du von Anfang an die Übungen mit vollster Kraftanstrengung und sehr korrekt ausführen? Wahrscheinlich wirst du deine Kraft einteilen, da du ja weißt, dass keine Pause kommt. Warum sollte dein Pferd anders handeln?
Wenn du weißt, dass nach jedem Set eine Pause kommt, wirst du dich noch mehr anstrengen. Und genauso ist es auch bei deinem Pferd.

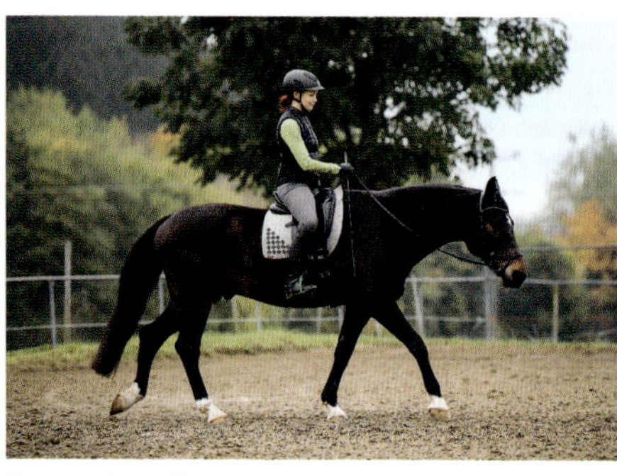

Darum achte auf genügend lange Pausen.

BEMÜHUNGEN WÜRDIGEN

Der Weg ist das Ziel und viel Lob auf dem Weg zum Ziel ist der Schlüssel zum Erfolg. Und damit auch zu zufriedeneren Reitern und Pferden: Bernd Hackl hat einmal in einem Interview sinngemäß gesagt, dass man auch den Weg zum Ziel und die vielen kleinen Zwischenschritte loben soll. Das sehe ich genauso. Wenn du zusammen mit deinem Pferd an einer neuen Übung arbeitest, wird es die Übung anfangs höchstwahrscheinlich noch nicht zu 100 % korrekt ausführen können.

Wenn du dich aber mit der Leistung deines Pferdes nicht zufriedengibst und es, vielleicht sogar mit Gewalt, zum Trainingsziel zwingen möchtest, wird der Erfolg ausbleiben. Manchmal ist es einfach so, dass ein Pferd 100 % seines Könnens gibt, die Aufgabe aber trotzdem einfach noch nicht einwandfrei beherrscht. Es bemüht sich sehr und gibt sein Bestes, kassiert dafür aber nur Ärger. Konzentriere dich darauf, auch die Bemühungen deines Pferdes zu sehen und zu würdigen, nicht nur die Erfolge, dann rückst du deinem Trainingsziel schnell näher.

Wichtig!
Lege genügend Pausen am langen Zügel für dein Pferd ein. Bedenke, dass dein Pferd in der Arbeitsphase alle 3-5 Minuten eine Pause am langen Zügel benötigt.

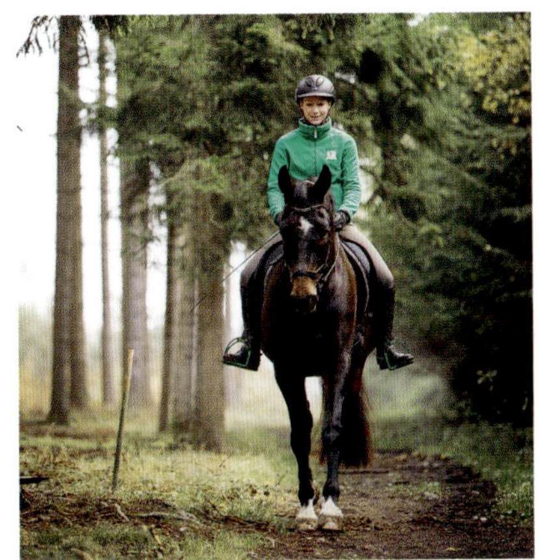

Reiten im Gelände kann Erholung oder Training sein. Beides ist wichtig.

TYPGERECHT TRAINIEREN – SO BEKOMMST DU KONZENTRATION

Auch bei Pferden gibt es, wie bei uns Menschen, verschiedene Typen. Einige Pferde benötigen viel Abwechslung im Training, andere benötigen viele Wiederholungen einer Übung, um Sicherheit in der Aufgabe zu bekommen. Welcher Typ dein Pferd ist, wirst du mit der Zeit herausfinden.

Ist dein Pferd sehr hektisch und eher ängstlich, wird es in einer ruhigeren Umgebung und durch mehrmals wiederholte Aufgaben Sicherheit bekommen. Beispielsweise reitest du erst einmal so lange einen Zirkel, bis du in Ruhe herumreiten kannst, bevor du die Hand wechselst.

Ein neugieriges und selbstbewusstes Pferd hingegen kann man mit verschiedenen Aufgaben besser auf den Reiter fokussieren, beispielsweise durch häufige Handwechsel und viele verschiedene Hufschlagfiguren, die direkt eine nach der anderen erfolgen.

ERSCHÖPFUNG ERKENNEN

Mitunter sind Pferde auch einfach nur erschöpft: Wie lange eine Trainingseinheit dauert, ist stark vom Ausbildungsstand und der aktuellen Tagesform von Pferd und Reiter abhängig. Hat dein Pferd das gesetzte Trainingsziel erreicht, beende die Trainingseinheit.

Sollte das Ziel zu hoch angesetzt sein oder du erkennst, dass dein Pferd heute diese Leistung nicht mehr erbringen kann, weil vielleicht schon zu viel trainiert wurde, dann beende die Einheit ebenfalls zum Wohle deines Tieres. Auch eine zu kurze Lösungsphase oder zu wenig Pausen während der Arbeitsphase können dazu führen, dass dein Pferd schneller ermüdet.

Müdigkeitsanzeichen deines Pferdes

- Plötzlicher Widerwillen gegen eine Übung, die es eigentlich schon gut macht.
- Vermehrte Gegenwehr gegen die verlangten Übungen.
- Mangelnde Losgelassenheit.
- Plötzlich auftretende Fehler im Takt.
- Vermehrtes Schwitzen.

Meine Tipps für ein zufriedeneres Training

- *Das »Problem« sitzt immer auf dem Pferd bzw. steht daneben. Reagiert dein Pferd nicht wie gewünscht, liegt der Fehler in der Kommunikation. Überprüfe deine Hilfengebung und korrigiere die Hilfen z.B. in Bezug auf Zeit und Intensität.*
- *Lobe dein Pferd lieber einmal mehr, denn wer weiß, vielleicht wird es im nächsten Moment gleich etwas richtig gut machen.*
- *Der Weg ist das Ziel und der Weg hat viele Etappen. Lobe die Zwischenschritte und nicht erst das Endergebnis.*
- *Denke immer positiv. Stelle dir vor jeder Trainingseinheit vor, was du reiten möchtest, wie es aussehen soll und wie sich die Übung anfühlen soll. Deine Gedanken sind deine einzig wahren Grenzen.*
- *Motiviere dein Pferd. »Kitzele« immer etwas mehr heraus, als es dir anbietet, ohne aber zu viel zu verlangen. Das verlangt dir ein gehöriges Maß an Fingerspitzengefühl und viel Verständnis für dein Pferd ab.*
- *Und natürlich: Gestalte dein Training bunt und abwechslungsreich. Nichts ist schlimmer als Langeweile im Training!*
- *Erkenne das Positive in deinem Training und freue dich darüber. Vergiss darüber hinaus aber nicht, was du verbessern möchtest.*

Das Training steigern

Eine Trainingskarte läuft perfekt und du möchtest die Schwierigkeit ein wenig erhöhen? Ich habe ein paar Tipps für dich, wie du die Trainingseinheit noch intensiver gestalten kannst:

REITE ÜBERGÄNGE

Schaue dir die Aufgabenstellung genau an und überlege dir, wo ein Übergang sinnvoll ist. Das kann ein Übergang vom Trab in den Galopp und dann das Fortführen der Aufgabe im Galopp sein oder ein einfacher Wechsel, wenn du z. B. in einer Dressurübung einen Handwechsel im Galopp reitest. Ob dieser einfache Wechsel über den Trab oder Schritt erfolgt, hängt ganz von deinem und dem Ausbildungsstand deines Pferdes ab.

Beim Reiten von Übergängen verbesserst du Durchlässigkeit und Feinabstimmung deiner Hilfen enorm. Zudem hat jeder Übergang einen gewissen Grad an Versammlung inne. Korrekt gerittene Übergänge fördern bereits sehr früh die Tragkraft deines Pferdes.

REITE TEMPIWECHSEL

Tempiwechsel sind Übergänge innerhalb einer Gangart. Diese sind:
- **Schritt:** Mittelschritt, versammelter und starker Schritt
- **Trab:** Arbeitstrab, Tritte verlängern, Mitteltrab, starker Trab, versammelter Trab
- **Galopp:** Arbeitsgalopp, Galoppsprünge verlängern, Mittelgalopp, starker Galopp, versammelter Galopp

Wichtig ist bei den Tempiwechseln, dass dein Pferd niemals ins Rennen kommt. Dann verliert es den Schub aus der Hinterhand und dein Pferd fällt auf die Vorhand. Daher lieber mit wenigen Tritten/Sprüngen das Tempo erhöhen und zuerst nur verlängern. Lieber etwas weniger und dafür korrekt. Tempiwechsel kannst du auf großen gebogenen Linien und Geraden reiten. Achte vor allem beim Wiederaufnehmen des Pferdes darauf, dass du dein Pferd weiterhin nachtreibst und den Rahmen von hinten nach vorne verkürzt.

KORREKTES REITEN

Achte bei jeder Aufgabe auf eine korrekte Ausführung. Die Aufgabe ist nur in dem Maß wertvoll, wie korrekt du sie ausführst. Sei daher sehr genau und gib dich nicht mit halb korrekten Ausführungen zufrieden. Bleibe dabei aber fair zum Pferd und suche Fehler immer zuerst in deiner Hilfengebung.

STANGENARBEIT UND SPRINGEN INTENSIVIEREN

Auch während der Stangenarbeit und dem Springen kannst du die oben genannten drei Punkte anwenden, um die Aufgabe anspruchsvoller zu gestalten.
Vor allem im Springen finde ich es sehr sinnvoll, wenn du auch im Parcours einen Übergang zum Trab reitest. Das fördert die Aufmerksamkeit und die Durchlässigkeit deines Pferdes. Im Parcours kannst du zudem jedes Hindernis auch mit einer Volte umreiten und erhöhst damit den gymnastizierenden Effekt.

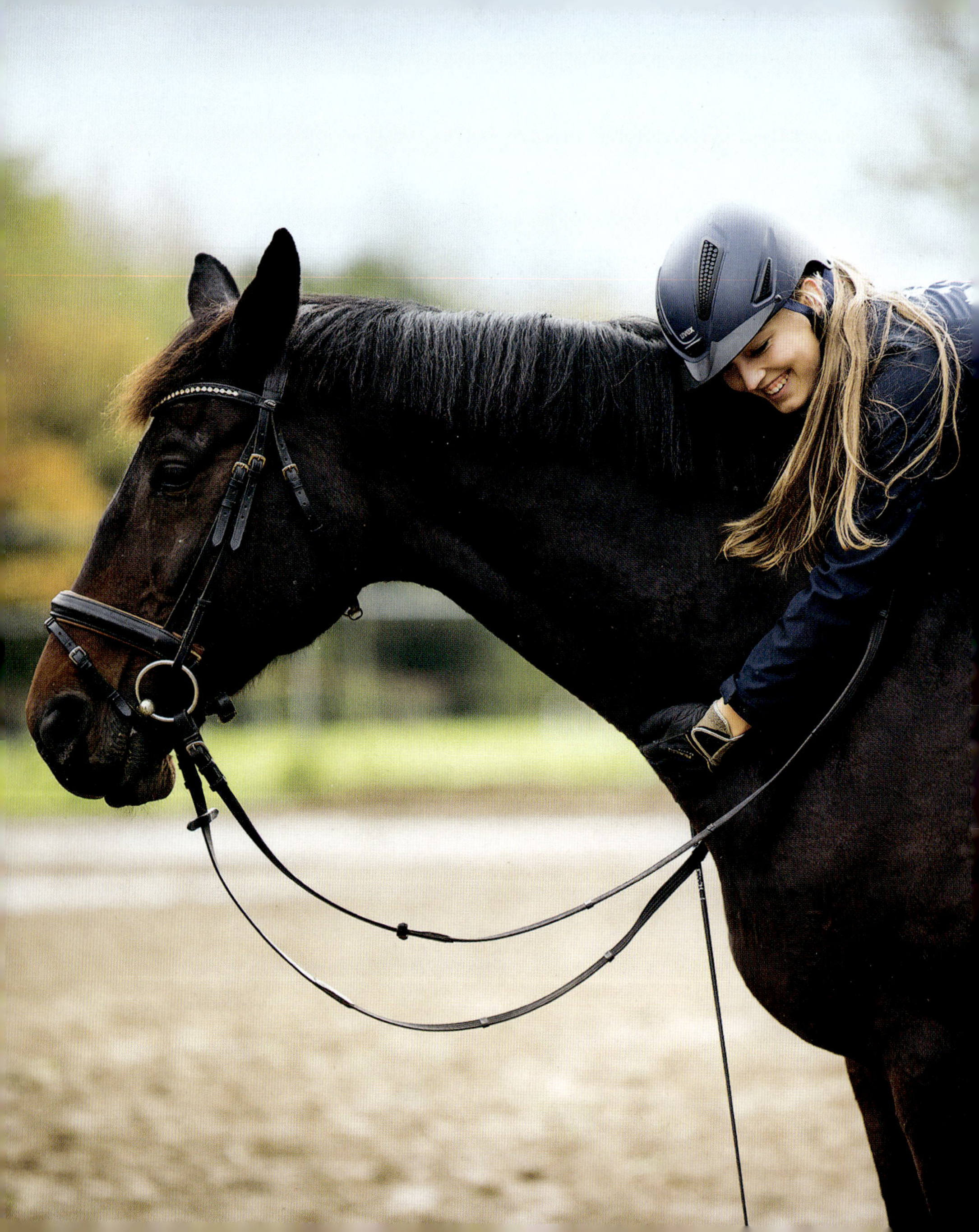
uvex

Sieben Säulen für ein ganzheitliches Training

Pferde lieben Abwechslung genauso wie wir Menschen, deshalb brauchen Pferd und Reiter einen gut durchdachten Übungsplan, bei dem keine Langeweile aufkommt und immer neue Herausforderungen zu meistern sind.
Aus diesem Grund habe ich die Reittrainings-Box entwickelt, in der du sieben verschiedene Kategorien, ich nenne sie Säulen, in unterschiedlichen Farben findest. Jede Farbe steht für einen anderen Trainingsschwerpunkt und jede Säule ist gefüllt mit vielen Trainingsvorschlägen für dich und dein Pferd. Und in der letzten, der pinkfarbenen Säule dreht sich alles um dich, da ist nämlich Reitergymnastik angesagt.

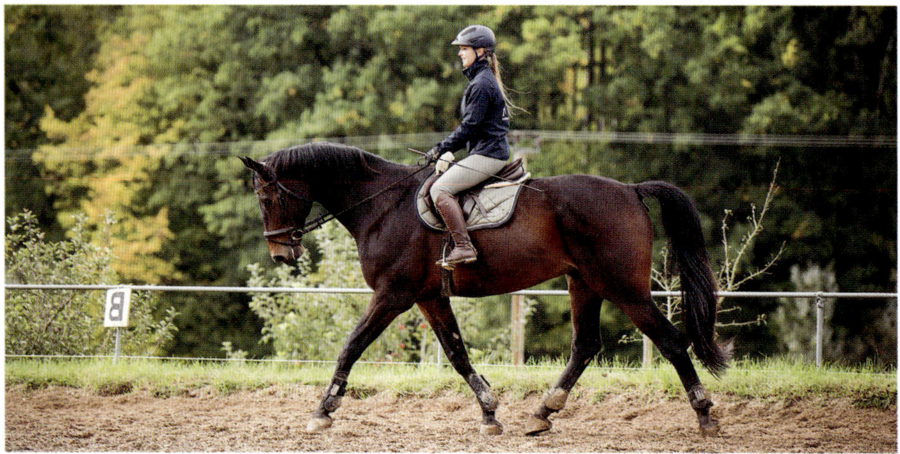

Um so ein harmonisches Pferd-Reiter-Paar abgeben zu können, braucht der Reiter viel Wissen über das, was er auf dem Pferd bewirken möchte.

Säule 1: Hirnfutter für den Reiter

Hier findest du die wichtigsten Grundlagen für deine Pferdeausbildung und dein Pferdetraining. Ich erkläre dir die Ausbildungsskala des Pferdes, zeige dir Hufschlagfiguren und gehe mit verschiedenen Beispielen detailliert auf die Hilfengebung ein.
Die Ausbildungsskala zieht sich wie ein roter Faden durch dein Trainingsprogramm. Wie bei einem Zahnrad greifen die einzelnen Punkte ineinander:

- Takt
- Losgelassenheit
- Anlehnung
- Schwung
- Geraderichtung
- Versammlung

DIE HUFSCHLAGFIGUREN

Korrekt gerittene Hufschlagfiguren sagen viel über die Feinabstimmung deiner Reiterhilfen aus und wie gut dein Pferd diese bereits annimmt. Hufschlagfiguren miteinander verbunden, also eine Figur nach der anderen geritten, sind außerdem eine wunderbar gymnastizierende Arbeit. Mithilfe der gelben Hufschlagfiguren-Karten lernst du alles über Bahnregeln, Bahnmaße und Bahnpunkte und wie ganze Bahnen, Zirkel, Volten und alle anderen Hufschlagfiguren geritten werden.

DIE HILFENGEBUNG

Darüber hinaus erfährst du alles, was du über eine korrekte Hilfengebung wissen musst. Welche Reiterhilfen stehen dir für die Kommunikation mit deinem Pferd zur Verfügung und wie setzt du sie ein, damit du mit deinem Partner Pferd so kommunizieren kannst, dass es dich versteht.

Säule 2: Dressurmäßige Arbeit

Lass dich hier nicht von dem Wort Dressur irritieren. Viele Reiter denken bei Dressur gleich an den Hochleistungssport. Dass aber nicht alle Reiter diese Ambitionen haben, ist für mich ganz klar.

Gymnastikstunde
Dressurreiten ist nicht nur für »Sandkastenreiter«, sondern für alle Reiter wichtig. In der Dressurarbeit wird dein Pferd gymnastiziert, die Muskeln werden so aufgebaut und trainiert, dass es dich lange tragen kann, ohne krank dabei zu werden. Korrektes Reiten und korrektes Training sind der beste aktiv gelebte Tierschutz, den du leisten kannst!

FITNESSTRAINING

Zu einer pferdegerechten und vor allem gesunderhaltenden Ausbildung gehört dressurmäßiges Reiten einfach dazu. Oft wird diese Trainingseinheit mit »Gymnastizieren« des Pferdes umschrieben. Mit der Dressur möchte man den Ausdruck des Pferdes verstärken und das Pferd noch anmutiger aussehen lassen. Auf jeden Fall ist eine gute Dressurarbeit vergleichbar mit dem, was ein Trainer gemeinsam mit dir im Fitnessstudio erreichen will: gezieltes Training, um ein Gleichgewicht beim Muskelaufbau und maximale Beweglichkeit zu erlangen, dich dabei gesund zu erhalten und zu stabilisieren. Und genau darum dreht es sich in der blauen Säule. Dressurarbeit ist aber nur etwas für Turnierreiter? Nein! Sie geht jeden Menschen an, der sich auf ein Pferd setzt. In der Dressurarbeit erarbeitest und trainierst du mit deinem Pferd die Hilfengebung, die im Gelände in Notfällen äußerst wichtig ist. Zudem dient korrekte gymnastizierende Dressurarbeit schlichtweg der Gesunderhaltung deines Pferdes.

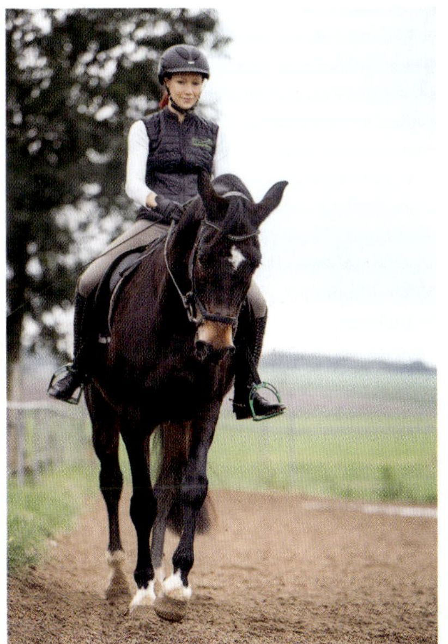

Dressur ist wie das Bauch-Beine-Po-Programm im Fitnessstudio.

Die kleinen Unterschiede

Natürlich kannst du dein Pferd auch vom Boden aus schon sehr gut auf das Reiten und das Tragen eines Menschen vorbereiten, es gymnastizieren und dadurch natürlich gesund erhalten. Bei bei alten Pferden, die nicht mehr geritten werden, ist die Arbeit vom Boden aus beispielsweise sehr wichtig. Ein Pferd in der Natur wird nie völlig geradegerichtet sein und das ist auch nicht wirklich wichtig, denn es kommt kein Zusatzgewicht auf seinen Rücken, das den Verschleiß der Gelenke beschleunigt, sollten sie ungleichmäßig belastet werden. Solltest du also dein Pferd reiten wollen, kommst du an gerittener gymnastizierender Dressurarbeit nicht vorbei. Ein Mensch ist eine Mehrbelastung auf dem Pferderücken und dein Pferd muss lernen, dich auf seinem Rücken auszubalancieren. Es muss die Muskeln trainieren, um dich tragen zu können.
Auf dem Pferderücken kannst du außerdem besser erfühlen, wie sich dein Pferd bewegt, und es so noch besser unterstützen.

DIE NATUR DES PFERDES

Wenn du dir ein Pferd auf der Koppel ansiehst, wirst du erkennen, dass es viele Übungen zeigt, die in der Dressur geritten werden können. So bewegt es sich beispielsweise vorwärts-abwärts. Es macht Übergänge vom Trab in den Schritt oder vom Schritt in den Galopp. Es zeigt sogar große Lektionen wie Piaffe oder Passage. Die Dressur wird dem Pferd nicht aufgezwungen, sondern ist in Anlehnung an die Natur des Pferdes entstanden und dient vor allem auch der Gesunderhaltung.
Denn - und das wirst du noch mehrmals in diesem Begleitbuch lesen können - sobald du dich auf dein Pferd setzt, bist du in der Pflicht und der Verantwortung dein Tier so zu trainieren, dass es dich lange und unbeschwert tragen kann, ohne Schaden davon zu nehmen.

DAS ERWARTET DICH

Du findest in der blauen Säule 15 Karten mit Übungsvorschlägen. Neben einer Skizze zu jeder Übung findest du auf der ersten Seite das Trainingsziel sowie eine Erklärung der Übung, wie sie geritten werden soll.
Auf der Rückseite findest du Vorschläge, wie du die Übung variieren kannst, außerdem sind hier mögliche Fehler aufgelistet, die bei der Übung auftreten können und Korrekturvorschläge dazu.
Darüber hinaus findest du in der blauen Säule sieben Dressurlektionen. Auch bei diesen Karten erkläre ich dir das Ziel des Trainings und wie du die Lektionen ausführst, ich liste Fehlerquellen auf und zeige dir Korrekturansätze.

Wichtig!
Sollte es Schwierigkeiten bei einer Aufgabe geben, wende dich bitte an einen qualifizierten Trainer, der sich das Problem einmal von außen anschauen und dir qualifizierte Hilfestellung geben kann.

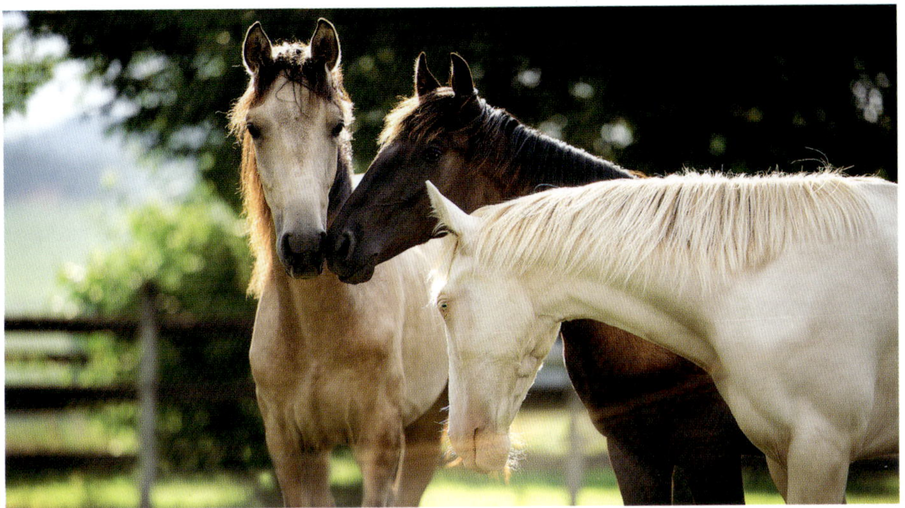

Pferdegerechte Haltung, hier in der Herde auf der Sommerkoppel, ist ein Grundpfeiler der Pferdegesundheit.

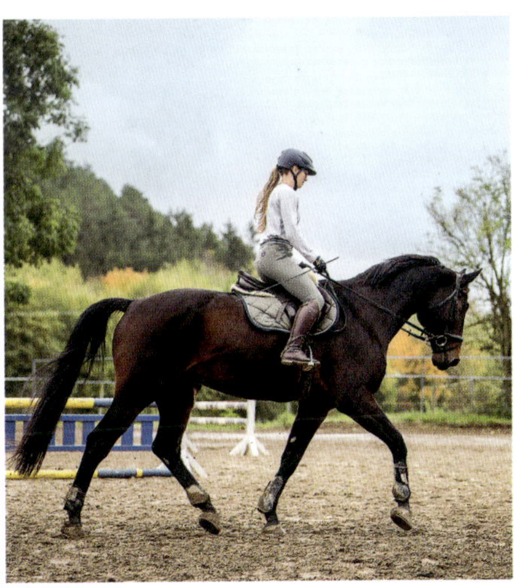

Auch fürs Springen wichtig, aber oft nicht auf dem Plan: Dressurarbeit.

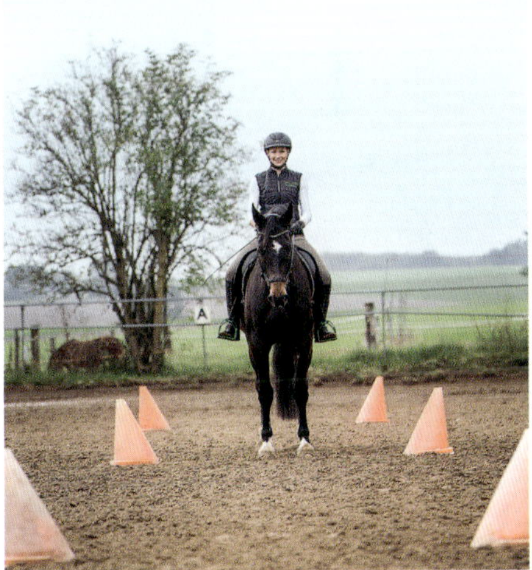

Dressurarbeit lässt sich mithilfe von Pylonen interessanter gestalten.

Säule 3: Reiten im Gelände

Reiten im Gelände ist für viele Entspannung. Es ist ein wichtiger Teil des Trainings und fördert die innere und äußere Losgelassenheit.

MUSKELAUFBAU UND KONDITION

Auch im Gelände kannst du mit etwas Dressurarbeit ein einfaches und effektives Training zum Muskelaufbau und für eine bessere Kondition absolvieren.

Geschick ist gefragt

Das Dressurreiten im Gelände erfordert Geschick und korrekte Hilfengebung von dir und fördert gleichzeitig die Konzentration von Pferd und Reiter, denn die äußeren Reize sind im Freien größer als in der Reithalle.

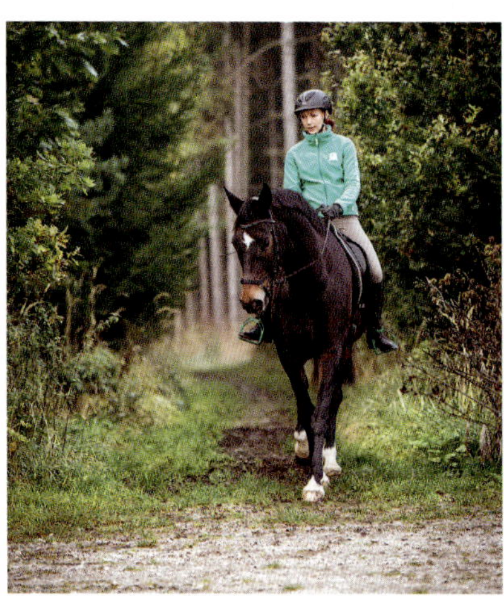

Reiten von korrekten Wendungen im Gelände.

Sicherheit geht vor

- *Reiten mit Helm sollte selbstverständlich sein. Eine gut sitzende Sicherheitsweste ist optional.*
- *Eventuell braucht dein Pferd im Gelände einen passenden Beinschutz, der aber nicht reiben oder scheuern sollte.*
- *Reite in der Gruppe aus. Das macht nicht nur mehr Spaß, sondern ist auch sicherer, z.B. wenn es zu einem Unfall kommt. Dein Pferd wird sich in einer Gruppe wohler fühlen und ruhiger sein.*
- *Überfordere dein Pferd nicht und lege auch im Gelände Verschnaufpausen ein.*
- *Halte dich an die Regeln, die für deine Umgebung gelten.*
- *Ein netter Umgang mit allen Naturgenießern verdirbt niemandem die gute Laune.*
- *Der »Pferdeführerschein Reiten« ist zu empfehlen.*

DAS ERWARTET DICH

Die Trainingskarten der roten Säule zeigen dir, wie du mehr aus deinem Ausritt rausholen kannst. Ich zeige dir Übungen bergauf- und bergab, wie Tempiwechsel gelingen und wie du die Topografie des Geländes für das Training effektiv nutzen kannst. Daneben findest du auch Grundlagen für das Ausdauertraining im Gelände.

Säule 4: Arbeiten vom Boden aus

Wie die Überschrift bereits verrät, geht es in der orangen Säule um alles, was du mit deinem Pferd vom Boden aus machen kannst.

DIE BASICS

Bevor es ans Trainieren geht, benötigst du die passende Ausrüstung für die Longenarbeit. Gerade Anfänger brauchen außerdem die passende Umgebung für das Training.

Die richtige Umgebung für das Longieren

Sollte dein Pferd noch nicht an das Longieren bzw. die Arbeit mit der Doppellonge gewöhnt sein, longiere es zunächst in einem Roundpen, bis es die Hilfen versteht. Dann kannst du es in der Reithalle oder auf dem Reitplatz longieren. Markiere anfangs mit Cavalettis oder Pylonen einen Zirkel als Hilfe für das Pferd. Funktioniert das, kannst du frei durch die Bahn longieren oder sogar das Longieren ins Gelände verlegen.
Kennt dein Pferd die Doppellonge nicht, darf die äußere Leine anfangs nicht hinten um den Po des Tieres herumgeführt werden. Manche Pferde zeigen eine enorme Fluchtreaktion darauf und das behaftet die Doppellonge mit einer negativen Erfahrung. Führe die äußere Leine zuerst über den Pferderücken.

Wichtig!
Denke daran, dass im Gelände ohne Hilfszügel longiert wird.

Ausrüstung für klassisches Longieren und Doppellonge

- *Trense/Kappzaum (Kappzaum für das einfache Longieren)*
- *Longe/Doppellonge aus gutem, griffigem Material*
- *Longierpeitsche*
- *Longiergurt mit Widerristfreiheit, optional ein Longiergurt über dem Sattel (es kann aber auch an der einfachen Longe ohne etwas auf dem Rücken longiert werden)*
- *Ausbinder, Dreieckszügel, Laufferzügel, nach Bedarf*
- *ggf. Beinschutz für das Pferd*
- *Handschuhe und festes Schuhwerk für den Longenführer*

DAS ERWARTET DICH

Neben den bunten Longier-Einheiten habe ich für dich ein paar Pferdegymnastik-Übungen eingepackt. Darunter verstehe ich neben der klassischen Bodenarbeit auch Übungen, mit denen du dein Pferd gezielt vom Boden aus trainieren kannst, sei es mit verschiedenen Stangenaufgaben, Führ- oder Dehnübungen. Die Dehnübungen kannst du nach jedem Training mit einbauen.
Mit diesen Trainingseinheiten kann eine bessere Verbindung zwischen Mensch und Tier aufgebaut werden. Du siehst dein Pferd sich frei vom Boden aus bewegen und lernst es besser einzuschätzen.

KLASSISCHES LONGIEREN - SO GEHT'S

Longieren ist Bodenarbeit, auch wenn das den meisten nicht bewusst ist. Du arbeitest an der Longe viel mit Körpersprache, Körperpositionierung und deiner Stimme. Longieren ist aber auch eine tolle Abwechslung für dein Pferd. Allerdings ist diese Arbeit nicht einfach mal schnell erledigt. Du solltest dir für korrektes Longieren genauso viel Zeit nehmen wie für eine Reiteinheit.

Möglichkeiten und Grenzen

An der Longe kannst du dein Pferd in allen drei Grundgangarten auf dem Zirkel, ganze Bahn, halbe Bahn, Zirkel -vergrößern und -verkleinern und auf Volten bewegen. Allerdings hast du beim Longieren keine direkte Einwirkung auf die Hinterhand und kannst dein Pferd nur sehr bedingt bis gar nicht korrekt biegen. Eine Stellung kannst du dir über die Einwirkung der Longe erarbeiten.

Der richtige Stand

Beim klassischen Longieren suchst du dir einen Punkt aus, auf dem du stehen bleibst, und dein Pferd läuft im Kreis um dich herum. Das ist eine gute Ausgangsbasis, auf der du arbeiten kannst.
Dein Körper bildet so mit dem Körper des Pferdes ein Dreieck, und wie du hier stehst, ist enorm wichtig für dein Pferd. Wenn du in Gedanken eine gerade Linie von dir zu deinem Pferd ziehst, sollte dein Bauchnabel vor die Pferdenase zeigen. Du kannst ihn als eine Art Wegweiser ansehen, wohin dein Pferd zu laufen hat.
Ist nun dein ganzer Körper auf Kopfhöhe des Pferdes, sollte es langsamer werden. Auf Schulter-/Bauchhöhe begrenzt du dein Pferd. In dieser Position sollte es weiter geradeaus laufen. Du bewegst dich mit deinem Pferd seitlich vorwärts.
Lässt du dich leicht hinter dein Pferd auf Höhe der Hinterhand abfallen, signalisierst du dem Pferd, dass es um dich herum im Kreis laufen soll, wenn ihr aus einer Geraden kommt. Du gibst somit die Schulter nach innen frei und dein Pferd kann abwenden.

Die Peitsche

Mit der Peitsche treibst du an, sie soll immer auf das Pferd zeigen; beim Reiten hast du die Schenkel ja auch immer am Pferd. Eine Ausnahme mache ich bei einer Schrittpause. Da lege ich die Peitsche über meine Schulter, nehme den Druck vom Pferd und es kann sich im Schritt in seinem Tempo bewegen. Aber Vorsicht, manche Pferde können sich bei dem Überlegen der Peitsche auf die Schulter erschrecken. Beim Treiben beschreibst du mit der Peitsche einen Bogen von hinten nach vorne in Richtung des Sprunggelenks bzw. Oberschenkels. Das bedarf einiger Übung.

DIE DOPPELLONGE

Die Doppellonge ermöglicht ein noch genaueres Longieren. Eine Leine führt von hinten um das Pferd herum, sodass du auch von außen eine Einwirkung auf das Pferd hast und es so noch korrekter stellen und etwas biegen kannst.

Wenn es um deine Körpersprache und das Treiben geht, unterscheidet sich das Longieren mit der Doppellonge nur minimal vom klassischen Longieren. Da du mit der Doppellonge besser links und rechts auf dein Pferd einwirken kannst, bleibt deine Position meistens eher immer hinter dem Pferd, also auf Höhe des Hüfthöckers. Man kann sagen, du läufst immer ganz leicht deinem Pferd hinterher. Dadurch wird die äußere Leine nicht zu stark um den Po deines Pferdes gespannt.

Behutsam heranführen

Die Doppellonge erfordert vom Longenführer etwas Geschick und Training. Auch Doppellonge ist Bodenarbeit. Durch die beiden Leinen hast du im Vergleich zur einfachen Longe einen besseren Einfluss auf die äußere Seite des Pferdes. Mit viel Fingerspitzengefühl und Übung kannst du so das Pferd korrekt stellen und sogar biegen, da du über die Leine, die hinten um das Pferd herumführt, einen direkten Einfluss auf die Hinterhand nehmen und diese dadurch auch korrigieren kannst.

Das Pferd muss allerdings behutsam an die Leinenführung um den Po herum gewöhnt werden. Anfangs führst du die äußere Leine immer über den Pferderücken. Hier hast du zwar noch keine Kontrolle über die Hinterhand, aber dein Pferd kann sich so auch an die äußere Leine gewöhnen.

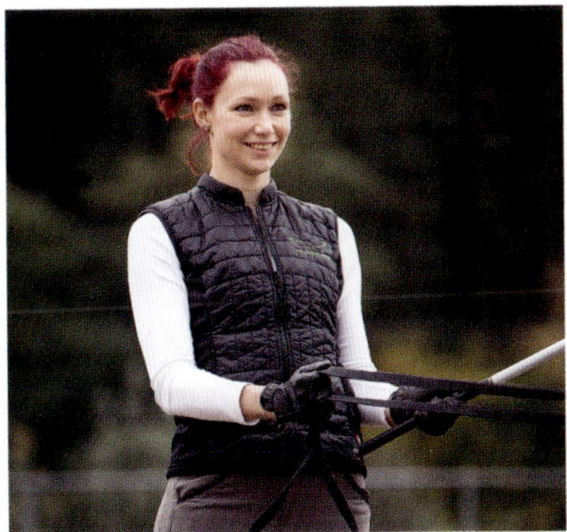

Einhandführung der Doppellonge.

Für den Anfang

Solltest du dir am Anfang etwas unsicher sein, ob du fein genug mit der Doppellonge auf das Pferdemaul einwirkst, habe ich einen kleinen Tipp für dich: Ich habe meinen Contigo anfangs immer mithilfe eines großen Karabiners longiert. Den habe ich am Nasenriemen und Trensenring eingehakt und daran die Doppellonge befestigt. Du hast somit immer noch eine gute Einwirkung auf das Maul über die Trense, der Druck wird aber über den Nasenriemen abgefangen, sollte der Zug zu viel werden.

Wenn du unsicher bist, hole dir immer einen erfahrenen Longenführer an die Seite. Er gibt dir Tipps und Hilfen und somit auch deinem Pferd Sicherheit.

Arbeit mit der Doppellonge – so geht's

Variante 1: Dein Pferd bewegt sich auf der rechten Hand, dann führst du deine Leinen in der rechten, die Peitsche hältst du in der linken Hand. Longierst du dein Pferd auf der linken Hand, so hältst du die Leinen in der linken und die Peitsche in der rechten Hand. Die jeweils innere Leine führst du über den Zeigefinger in die Faust, die äußere Leine führst du zwischen Mittel- und Ringfinger in die Faust. Der kleine Finger ist frei – darüber können die herunterhängenden Schlaufen gelegt werden. Sie dürfen höchstens bis zum Knie reichen und nicht den Boden berühren.
Variante 2: Dein Pferd bewegt sich auf der rechten Hand. Die äußere Leine und die Peitsche hältst du in der linken Hand. Dabei führst du die Leine wie einen Zügel in der Hand. Die innere Leine führst du ebenfalls wie den Zügel in der linken Hand. Machst du einen Handwechsel und dein Pferd bewegt sich auf der linken Hand, führst du Peitsche und äußere Leine in der rechten Hand, die innere Leine in der linken. Wie bei Variante 1 beschrieben, lässt du die Schlaufen über den kleinen Finger laufen.

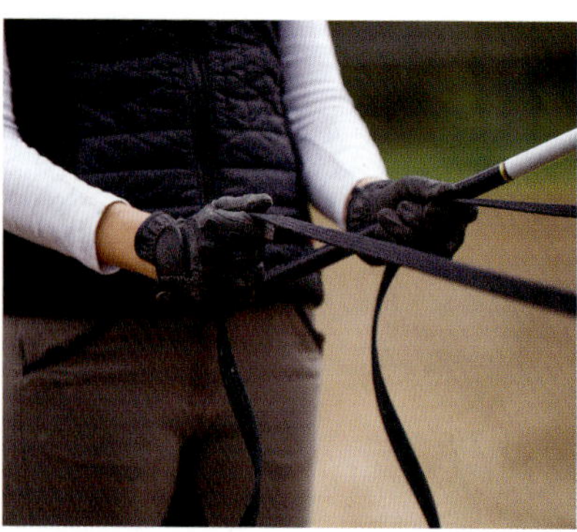

Zweihandführung der Doppellonge.

So wird's gemacht

- *Wechsle zunächst im Schritt durch den Zirkel, z.B. von der linken Hand auf die rechte Hand. Dazu gehst du, ohne etwas an der Leinenlänge zu verändern, nach außen hinter dein Pferd. Dadurch wird die innere Leine angenommen, dein Pferd geht nach innen.*
- *Wenn es nun die Mitte des Zirkels erreicht hat, greift die rechte Hand vorsichtig in die rechte Leine und nimmt diese auf. Gleichzeitig übergibt die rechte Hand die Peitsche in die linke.*
- *Die linke Leine lässt du im gleichen Zug gleichmäßig länger. Dein Pferd wendet nach rechts. Sortiere nun wieder deine Leinen wie oben beschrieben und longiere weiter.*

Handwechsel mit der Doppellonge

An der Doppellonge kannst du Handwechsel vornehmen, ohne dass du dein Pferd anhalten oder zu ihm hingehen musst. In der Regel wechselt man durch den Zirkel. Der Handwechsel benötigt etwas Geschick und Übung.

Übungen mit der Doppellonge

Alle Übungen, die mit der einfachen Longe gemacht werden können, können auch mit der Doppellonge gemacht werden. Es gibt deshalb in der Trainingsbox keine speziellen Übungen für die Doppellonge. Achte bei Stangenarbeit und Springen darauf, dass sich die Leinen nirgends festhängen können, bei der Stangenarbeit mit der Doppellonge dürfen die Leinen niemals auf dem Boden entlangschleifen, damit sie sich nicht an den Stangen festhängen können.
Für das Springen gibt es extra bogenförmige Ständer, über die die innere Leine gleiten kann, während das Pferd springt. Ich würde niemals mit einem normalen Ständer und der Doppellonge oder normalen Longe mit meinem Pferd springen und dabei versuchen die innere Leine »drüberzuheben«. Die Gefahr, dass sich die Leine oder die Longe festhängt, ist zu hoch und das Verletzungsrisiko für dein Pferd nicht zu unterschätzen!

PFERDEGYMNASTIK

Die Übungen in der Box lassen sich ganz leicht in den Pferdealltag einbauen, sie können aber auch aktiv in mehreren Wiederholungen während der Bodenarbeit trainiert werden.
Im Vordergrund der Pferdegymnastik soll vor allem die Freude an der gemeinsamen Arbeit stehen und daran, dein Pferd zu berühren und zu beobachten. Das baut eine besonders schöne Verbindung zwischen dir und deinem Pferd auf. Es wird merken, dass du ihm nur etwas Gutes tun möchtest, und dir immer mehr und mehr vertrauen.
Mit der Gymnastizierung vom Boden aus kannst du noch mal gezielter bestimmte Schwachstellen dehnen und mobilisieren. Solche Übungen werden gerne mit Pferde-Yoga oder Pferde-Pilates vergleichen. Man nennt sie auch »Möhrchenübungen«, denn das Pferd wird mithilfe einer Karotte animiert, den Hals zu dehnen.
Nach dem Reiten kannst du mit den Übungen die Hinterhand oder den Schulterbereich des Pferdes aktiv dehnen und so eventuell Muskelkater vorbeugen oder die durch ein anstrengendes Training verursachte Anspannung rausnehmen. Das ist Wellness für dein Pferd.

Wichtig!

- *Auch die Gymnastik ist für dein Pferd anstrengend. Erzwinge keine Bewegung und höre auf dein Pferd. Mache nur 3-4 Wiederholungen, denn von ungewohnten Bewegungen kann dein Pferd Muskelkater bekommen!*
- *Das Pferd muss vorher aufgewärmt sein, um Verletzungen zu verhindern!*
- *Solltest du dir in der Ausführung unsicher sein, hole dir immer fachmännischen Rat und lass dir die Übungen an deinem Pferd zeigen.*

Säule 5: Stangenarbeit

Stangenarbeit ist eine hervorragende Abwechslung für Pferde und sie fördert im höchsten Maße die Konzentration von Pferd und Reiter. Die Genauigkeit der Hilfengebung sowie das Geschick von Pferd und Reiter werden bei diesen Übungen auf den Prüfstand gestellt.

DAS ERWARTET DICH

Auf den 14 Karten der violetten Säule findest du abwechslungsreiche Aufgaben. Auf der Vorderseite befindet sich jeweils immer eine Skizze, die zeigt, wie die Stangen gelegt werden. Ich beschreibe dir, in welcher Gangart du über diese Stangenfigur reiten kannst und welchen Schwierigkeitsgrad die Übung hat. So kannst du selbst einschätzen, ob du und dein Pferd bereit für diese Aufgabe seid. Auf der Rückseite gibt es zudem Vorschläge, wie du die verschiedenen Wege miteinander verbinden kannst.

DIE GRUNDLAGEN

- Stangenarbeit ist eine schöne Abwechslung im Training, egal ob geführt, longiert oder geritten.
- Stangenarbeit zählt zu den lösenden Aufgaben. Man kann sie immer einsetzen.
- Sie kann dabei helfen, den Takt zu finden und zu sichern. Stangen trainieren die Hankenbeugung und die Bauchmuskeln, vor allem wenn das Pferd mit tiefem Hals über die Stangen geht.
- Ein Beinschutz ist empfehlenswert, aber kein Muss.
- Wenn dein Pferd noch keine Stangen kennt, beginne erst mit wenigen Stangen und steigere dann die Anzahl.
- Wenn dein Pferd gerade über Stangen laufen kann, kannst du die komplexeren Aufgaben angehen.
- Lege die Abstände der Stangen immer passend für dein Pferd, auch wenn das nicht den üblichen Abständen entsprechen sollte. Aber nur so kann dein Pferd Vertrauen zu den Stangen finden und losgelassen darübergehen.
- Achte immer auf einen sicheren Aufbau der Stangen; sie sollen nicht wegrutschen.
- Die auf den Karten gezeigten Figuren wurden mit 3-Meter-Stangen gelegt.

In der Grafik siehst du die Standardmaße für die Abstände der Stangen im Schritt, Trab und Galopp. Da dies Standardmaße sind und jedes Pferd anders ist, braucht es etwas Fingerspitzengefühl und Erfahrung um den richtigen Abstand der Stangen für dein Pferd herauszufinden.

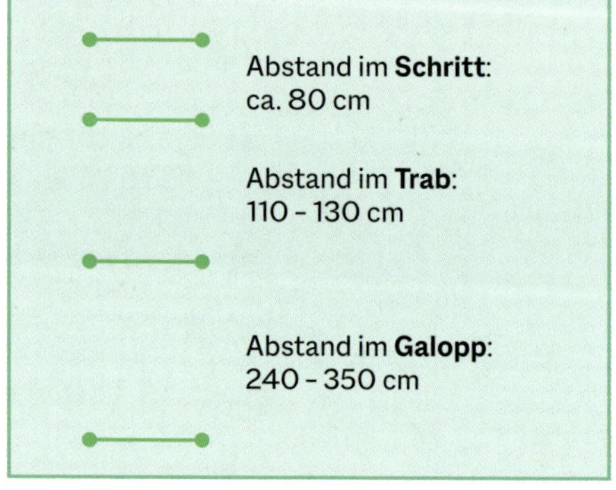

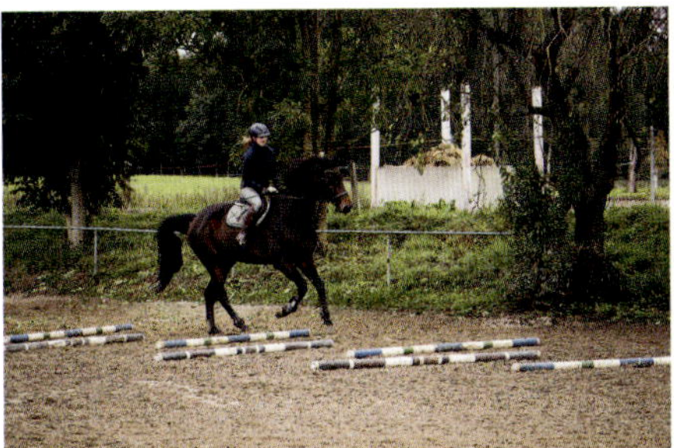

Stangenarbeit im Galopp auf gebogener Linie.

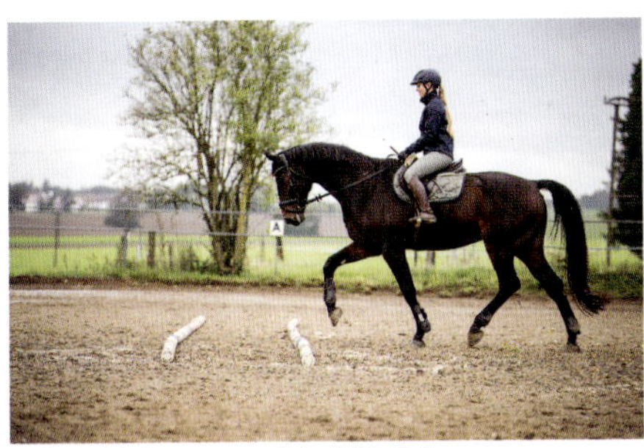

Einfache Trabstangen auf der Mittellinie.

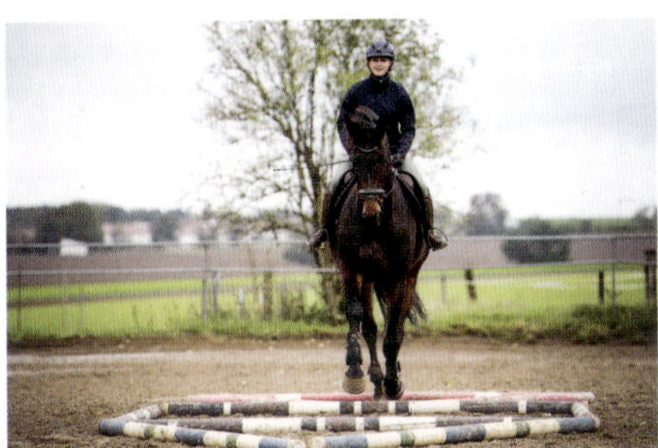

Komplexere Stangenaufgaben fördern die Aufmerksamkeit.

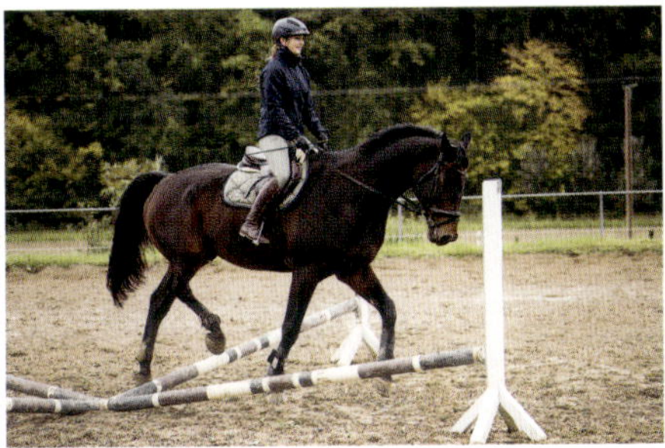

Erhöhte Stangen brauchen mehr Kraft.

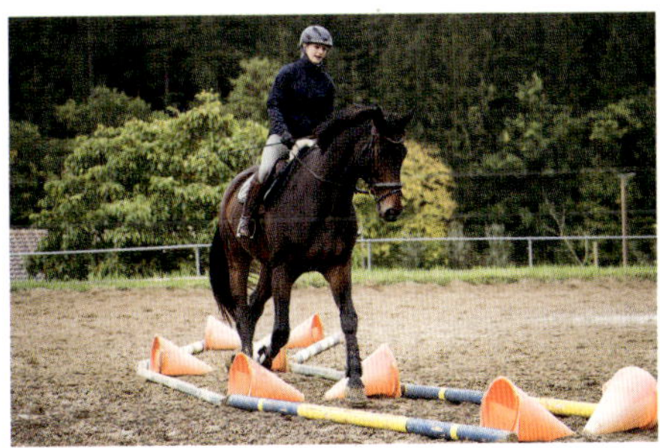

Pylonen zweckentfremdet, aber ein effektvoller Hingucker.

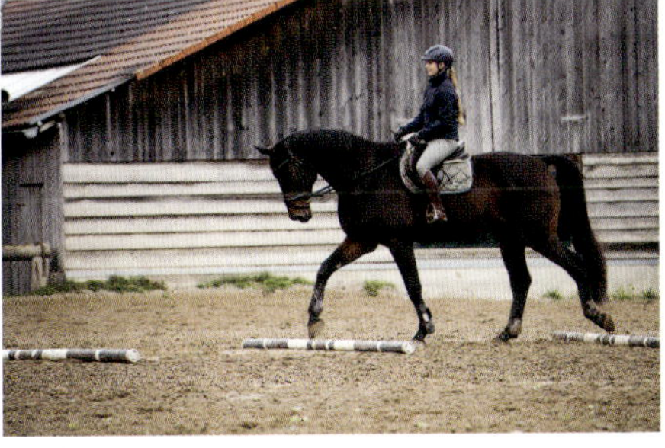

Alle Übungen können immer zuerst im Schritt geritten werden.

Säule 6: Springen und Springgymnastik

In der grünen Säule erwarten dich 13 Übungskarten mit leichten, mittelschweren und schweren Aufgaben. Ich beschreibe Ziel und Wirkung der Übungen und erkläre dir ausführlich, wie du diese Aufgabe oder den Parcours am besten vorbereitest und wie er geritten wird. Die Skizzen helfen dir bei der Umsetzung, ich gebe dir Tipps zur Vermeidung von Fehlern und empfehle Variationen der Übung.

Sicher springen - achte auf deine und die Sicherheit deines Pferdes

- *Ein Reithelm ist unabdingbar, eine gut sitzende Sicherheitsweste ist zu empfehlen, ebenso ein gut sitzender, ausreichend großer Beinschutz für dein Pferd.*
- *Rhythmus und Wege sind das A und O beim Springen. Wenn du das beherrscht, kannst du in den Parcours gehen.*
- *Reite vorausschauend und habe dein nächstes Hindernis immer frühzeitig im Blick.*
- *Gönne dir und deinem Pferd während des Springens genügend Pausen.*
- *Auch für das Springen musst du dein Pferd korrekt aufwärmen. Beim Springen ist es sogar besonders wichtig, da diese Arbeit die Gelenke mehr belastet.*

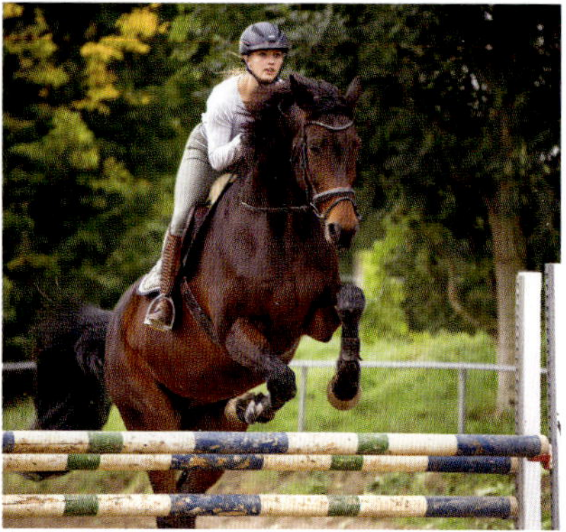

Springen und Springgymnastik macht allen Pferden Spaß.

RICHTIG AUFBAUEN

- Planken und Co. müssen leicht »runterzuschubsen« sein bzw. auf speziellen Auflagen liegen.
- Bei einem Oxer muss die hintere Stange immer höher, also für das Pferd gut sichtbar sein und auf Sicherheitsauflagen liegen.
- Ein Oxer ist immer nur von einer Seite zu springen.
- Die Weite sowie die Höhe musst du auf dein Können ausrichten und auf das deines Pferdes. Das gilt auch für alle anderen Hindernisse.
- Sei beim Aufbau und während des Trainings ruhig auch mal kreativ (sofern es sicher bleibt) und arbeite z.B. mit Pylonen oder Springklötzen, die du unter den Sprung stellst oder an die Seite.

Hier einige Beispiele, wie du Hindernisse gestalten kannst:

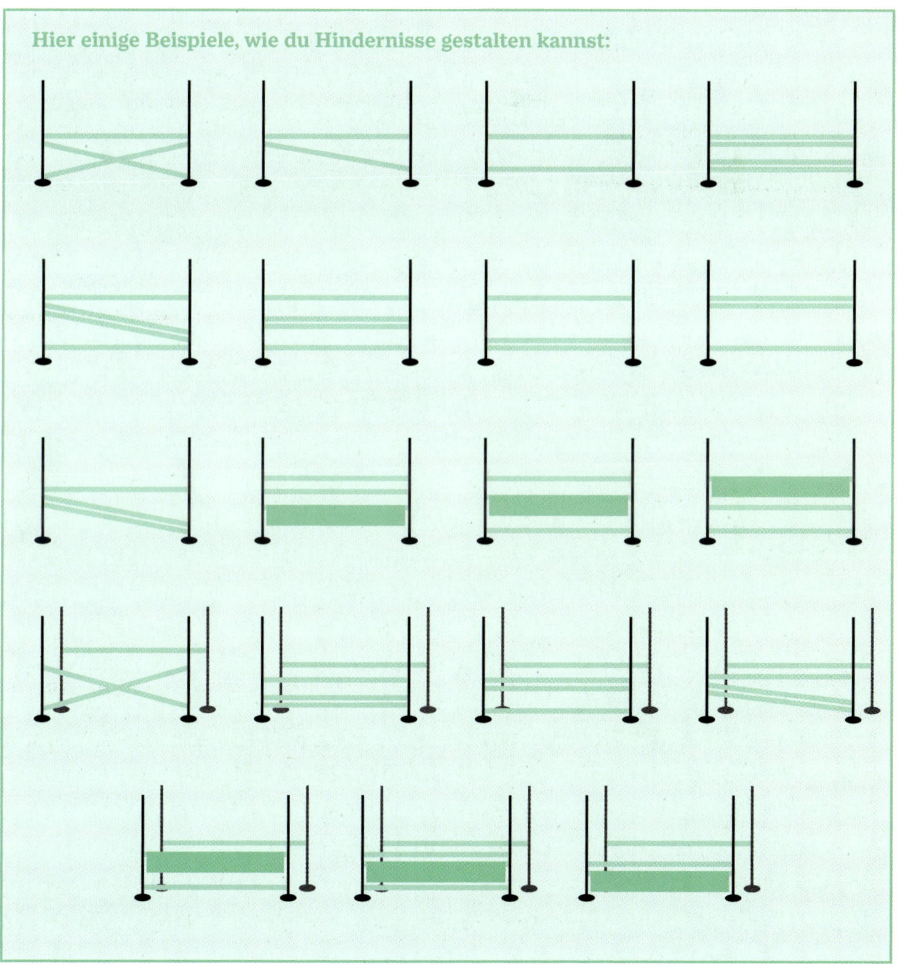

DIE ABSTÄNDE

Beim Springen wird zwischen »In-Out«, Kombinationen und Distanzen unterschieden.

- Beim In-Out liegt kein Galoppsprung zwischen den Hindernissen. Das Pferd landet und springt gleich wieder ab.
- Kombinationen sind Hindernisreihen mit einem oder zwei Galoppsprüngen zwischen den Hindernissen.
- Bei Distanzen handelt es sich um eine Hindernisreihe ab drei Galoppsprüngen.

Die Abstände bei Kombinationen und Distanzen sind wie folgt (in Anlehnung an »Richtlinien für Reiten und Fahren«, Band 1, 29. Auflage 2012, Seite 182 ff.):

In-Out	3-3,50 m
Kombination mit einem Galoppsprung	7,50-7,80 m
Kombination mit zwei Galoppsprüngen	10,50-11 m
Distanz mit drei Galoppsprüngen	14 m
Distanz mit vier Galoppsprüngen	17,50-18,50 m
Distanz mit fünf Galoppsprüngen	21-22 m
Distanz mit sechs Galoppsprüngen (für Ponys jeweils 0,5-1 m weniger)	24,50-25,50 m

Wichtig!
Baue die Hindernisreihen immer so auf, dass du mit deinem Pferd rhythmisch und geschmeidig durchspringen kannst, und verändere die Abstände.

Faktoren, die die Abstände beeinflussen

Die Abstände in einer Kombination und Distanz sind je nach Pony oder Pferd etwas verschieden. Zudem gibt es unterschiedliche Faktoren, die eine Kombination oder Distanz enger oder weiter machen.

Galoppsprünge werden weiter - die Distanz wird dadurch enger	Galoppsprünge werden enger - die Distanz wird dadurch weiter
Der Weg führt Richtung Ausgang/Abreiteplatz/Koppel	Der Weg führt weg vom Ausgang/Abreiteplatz/Koppel
Der Boden ist gut und elastisch	Der Boden ist tief und schwer
Der Weg zum Sprung ist leicht abschüssig	Der Weg zum Sprung geht leicht bergauf
Der Einsprung ist einladend gebaut	Der Einsprung/Aussprung ist massiv gebaut
Der Aussprung ist luftig und mit wenig Stangen gebaut	Das Pferd springt beim Einsprung zu dicht ab

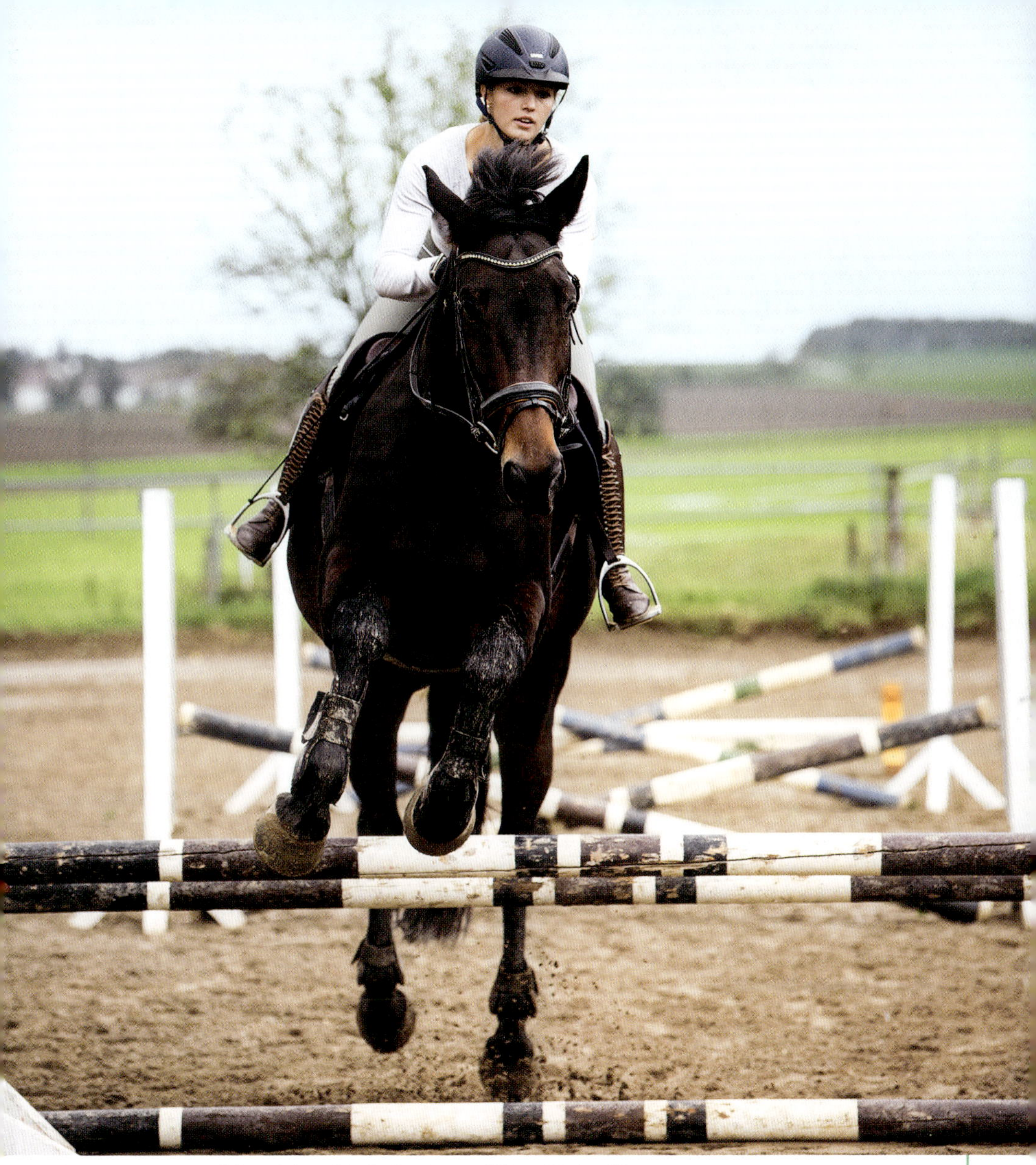

Eine passend gebaute Reihe schult perfekt das Rhythmusgefühl von Pferd und Reiter.

Neben der Absprung-, Flug- und Landephase wird noch zwischen der Phase des Anreitens und des Weiterreitens unterschieden. Um einen Parcours gut zu bewältigen, benötigst du dieses Grundwissen:

- Absprung-, Flug- und Landephase: Den Sprung erledigt dein Pferd alleine. Du folgst in dieser Phase lediglich den Bewegungen des Pferdes. Deine Hand geht Richtung Pferdemaul nach vorne und lässt so die Dehnung des Halses zu. Dein Oberkörper folgt der Flugphase des Pferdes und ist aus der Hüfte heraus nach vorne abgeknickt. Deine Wade liegt immer am Pferdebauch an und bildet so dein Sitzfundament. Beim Landen solltest du auf einen guten Knieschluss achten. Der Aufprall der Landung wird von deinen Sprunggelenken und der Hüfte abgefangen. Gleichzeitig nimmst du deinen Oberkörper wieder nach hinten und richtest dich auf. Schon während der Flugphase richtest du deinen Blick und dein Gewicht in die neu zu reitende Richtung.
- Phase des Weiterreitens: Nach dem Sprung ist vor dem Sprung. Wenn du ein Hindernis überwunden hast, kommt auch schon das nächste. Reite dein Pferd wieder vor dich an den Zügel heran. Achte auf Takt, Losgelassenheit und Anlehnung. Reite auch zwischen den Hindernissen dein Pferd dressurmäßig von hinten nach vorne.
- Die Phase des Anreitens: Den Sprung reitest du mit einem leicht nach vorne geneigten Oberkörper in einem leicht erhöhten, aber gleichmäßigen Grundtempo an. Dein Pferd soll zum Sprung ziehen und Lust haben darüberzuspringen, aber in keiner Sekunde hektisch und unkontrollierbar sein. Du bist für den richtigen Anreitweg verantwortlich. Dieser soll am Anfang auf jeden Fall gerade und mittig zum Sprung sein. Dabei schaust du über den Kopf deines Pferdes die obere Stange des Hindernisses an. Die Absprungdistanz muss stimmen, das ist an dieser Phase am schwierigsten einzuschätzen. Es sollte nicht zu dicht oder zu weit gesprungen werden. Es erfordert viel Übung und gutes Augenmaß und das musst du trainieren. Somit kannst du schon auf dem Weg zum Sprung den Galoppsprung passend verlängern oder verkürzen.

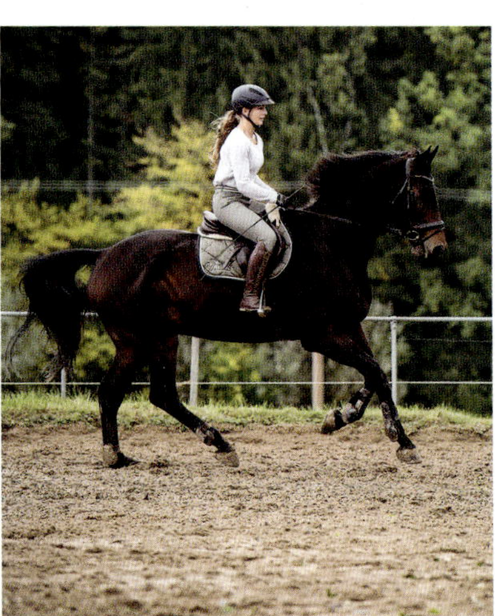

Die Anreitphase zum Hindernis.

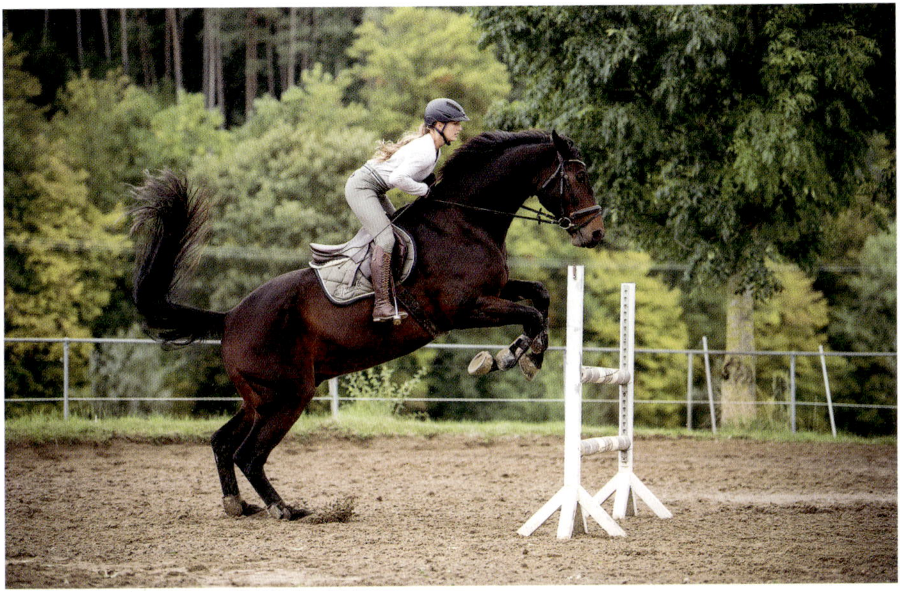

In der Absprungphase drückt sich das Pferd mit den Hinterbeinen ab.

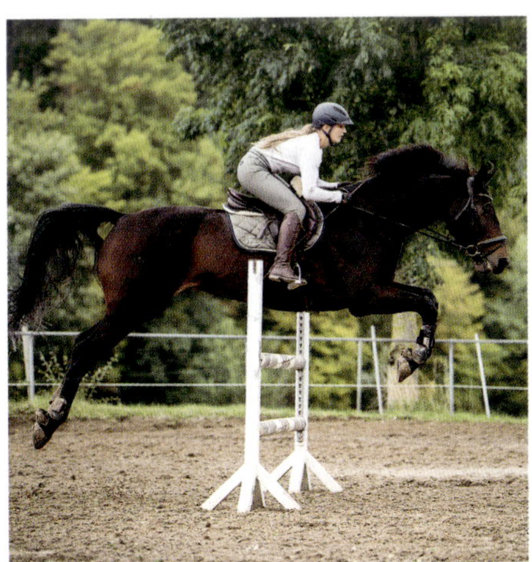

Die Flugphase über dem Hindernis.

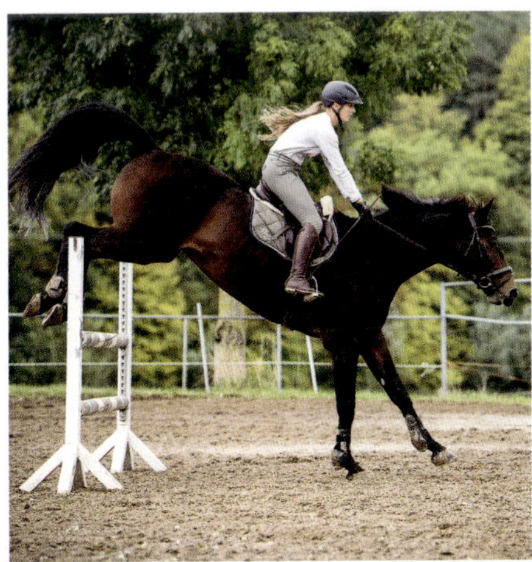

Die Landephase nach dem Sprung.

Säule 7: Reitergymnastik

Pferde sollen eine gleichseitige und gleichmäßige Bemuskelung aufweisen und harmonische Bewegungen zeigen. Um dieses Ziel bei deinem Pferd zu erreichen, musst du mit ihm trainieren. Vergiss dabei aber nicht dich selbst, denn auch du solltest fit und durchtrainiert sein. Dein Pferd kann nur so gut trainiert sein, wie du es auf beiden Händen anweist.

DAS ERWARTET DICH

In der pinkfarbenen Säule der Reittrainings-Box dreht sich alles nur um dich. Du bist für dein Pferd der ausschlaggebende Faktor, wenn es um Trainingserfolge geht. Ob dein Pferd die ihm gestellten Aufgaben bewältigen kann, liegt zum großen Teil an dir. Darüber bist du dir jetzt sicher bewusst.
In der pinken Säule findest du deshalb 13 Karten mit Übungen ohne Pferd und neun Übungen, die du auf dem Pferderücken ausführen kannst. Diese Trainingseinheit dient dazu, dich fit zu machen und gesund zu erhalten, damit dein Pferd sich auf dich verlassen kann.
Auf der Kartenvorderseite findest du Ziel und Wirkung der Übung und die Ausführung. Auf der Rückseite gibt es detaillierte Bilder zu der Aufgabe.

WIESO, WESHALB, WARUM?

- Spezielle Gymnastik für einen guten Sitz kann sich enorm positiv auf deine Haltung auswirken.
- So wie du dein Pferd gymnastizierst, so solltest du auch dich selbst bewegen und an deinen Schwachstellen arbeiten, um diese zu verbessern.
- Besonders ein Aufwärmprogramm vor dem Reiten ist sehr sinnvoll. Reiten ist ein Sport wie jeder andere und Aufwärmen gehört nun mal dazu.
- Die Reitergymnastik bringt deinen Körper schon einmal in Schwung, erhöht den Puls, lockert und wärmt Muskeln, Sehnen und Bänder. Das Ergebnis: Du sitzt von Anfang an geschmeidiger auf dem Pferderücken, hast ein besseres Reitergefühl und Einfühlvermögen für die Bewegungen deines Pferdes.
- Reitergymnastik beugt Verletzungen, Zerrungen und Muskelkater vor.

So geht's richtig

- *Gewöhne dir vor dem Reiten ein kleines Ritual mit ein paar Übungen an, die dir guttun.*
- *Zu Hause beginnst du am besten ca. jeden zweiten Tag mit einem kleinen Übungsprogramm. 10–20 Minuten reichen meistens schon aus.*
- *Je ausbalancierter und besser dein Reitersitz ist, umso besser, freier, lockerer und geschmeidiger wird sich dein Pferd unter dir bewegen können.*
- *Wenn nicht anders beschrieben, wird jede Übung in drei Sets achtmal wiederholt.*

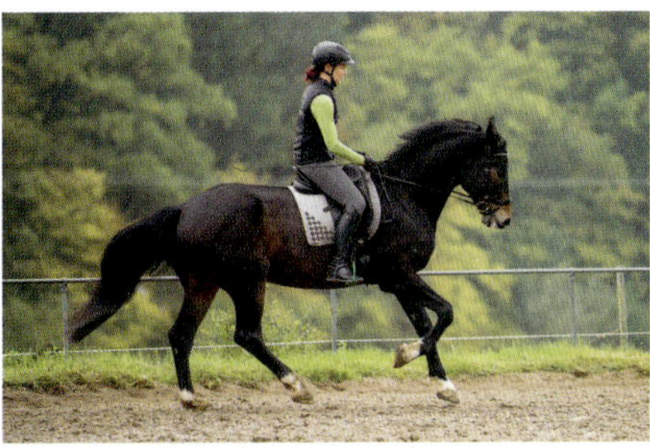
Reitergymnastik tut deinem gesamten Reitersitz gut.

REITERGYMNASTIK AUF DEM PFERD – BEVOR ES LOSGEHT

- Alle vorgeschlagenen Übungen setzen voraus, dass dein Pferd ruhig und entspannt am langen Zügel Schritt gehen kann.
- Dein Pferd soll keine Angst haben, wenn du dich auf ihm bewegst.
- Sobald du das Gefühl hast, dein Pferd ist angespannt oder es könnte für euch beide gefährlich werden, brich die Übung ab.
- Bitte jemanden darum, dein Pferd zu führen, während du die Übungen machst. Das gibt deinem Pferd und dir Sicherheit und du kannst alles entspannt durchführen.
- Die Übungen kannst du auch machen, während du dein Pferd im Schritt warm reitest, oder immer dann, wenn du merkst, es würde dir guttun, z.B. während einer Schrittpause.
- Achte auch auf die anderen Pferde in der Bahn, sie sollten nicht behindert oder abgelenkt werden durch deine Übungen.
- Fühle dich beim Aufwärmen niemals unwohl. Ein gutes Gefühl gehört dazu. Denke an das tolle Ergebnis, das du anschließend haben wirst.
- Habe keine Hemmungen, dich zu bewegen. Du wirst sehen, wenn du einmal anfängst, werden andere Reiter im Stall, die sich vielleicht bisher nicht getraut haben, es dir gleichtun.
- Führe die Bewegungen langsam und gleichmäßig aus. Mache keine schnellen oder hektischen Bewegungen, damit sich dein Pferd oder andere Pferde in der Bahn nicht erschrecken.

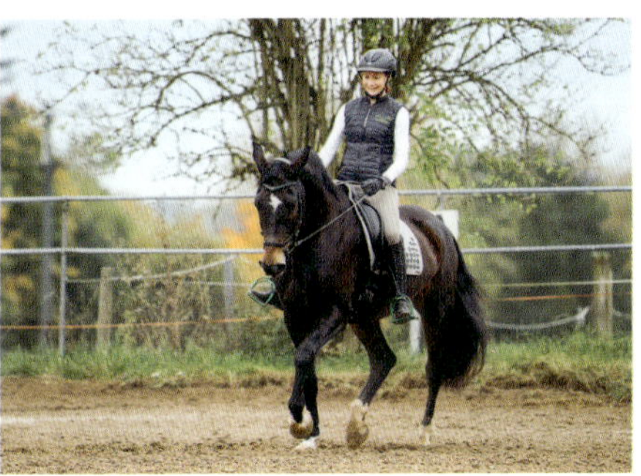
Sie hilft dir, besser auf dein Pferd einzuwirken ...

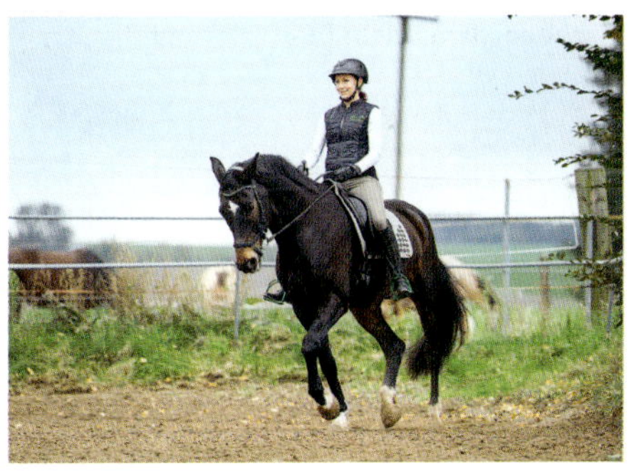
... es zu fühlen und zu führen.

Alle Säulen auf einen Blick

Hirnfutter für den Reiter

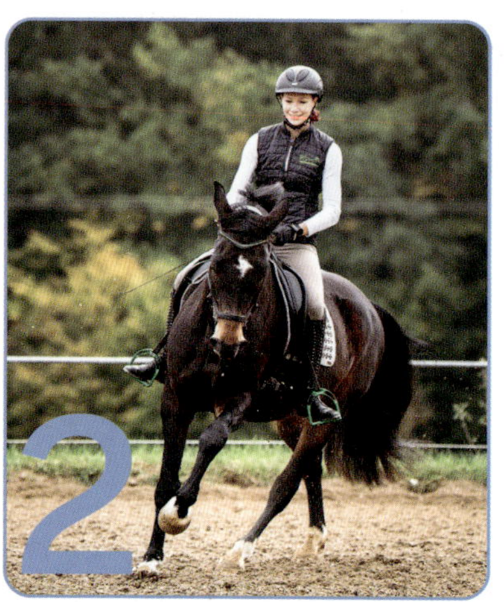

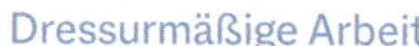
Dressurmäßige Arbeit

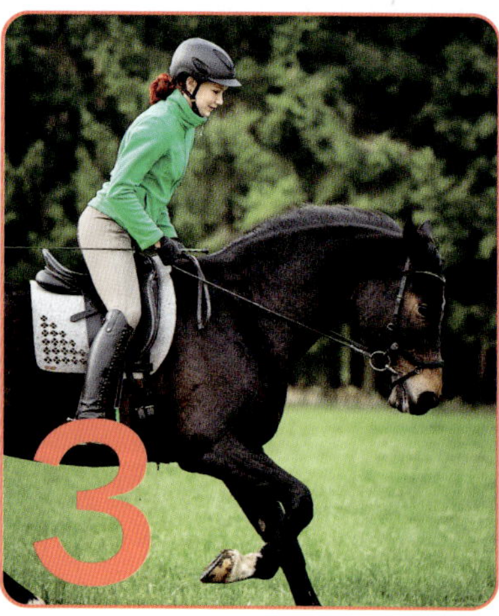

Reiten im Gelände

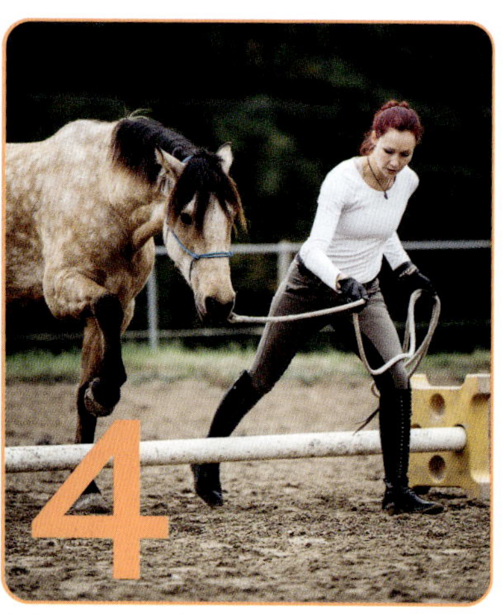

Arbeiten vom Boden aus

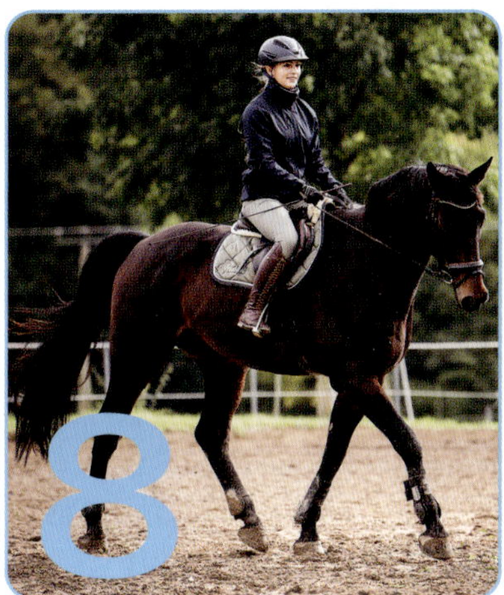

Unsere Woche

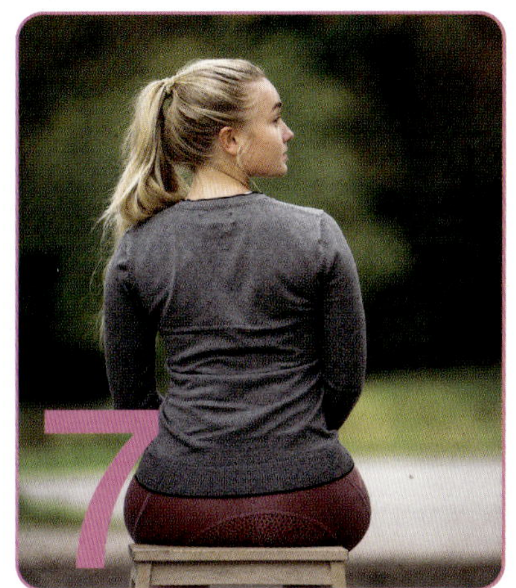

Reitergymnastik

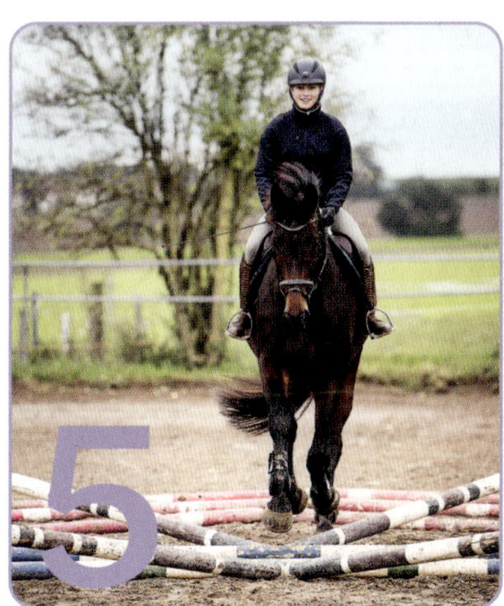

Stangenarbeit

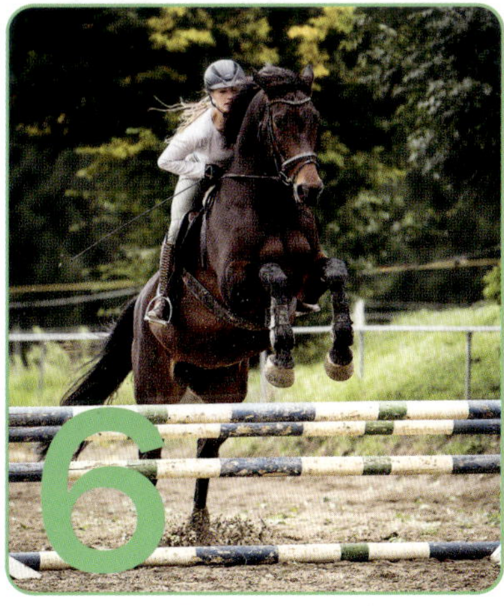

Springen und Springgymnastik

Alle Übungen auf einen Blick

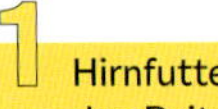

Hirnfutter für den Reiter

1/2 Der rote Faden – Ausbildungsskala für Pferde
1/3–1/4 Der Takt
1/5–1/6 Losgelassenheit
1/7 Anlehnung und Schwung
1/8 Geraderichtung und Versammlung
1/9–1/17 Hufschlagfiguren
1/18–1/19 Hilfengebung
1/20 Gewichtshilfen
1/21 Schenkelhilfen
1/22 Zügelhilfen
1/23 Was sie beim Pferd bewirkt
1/24 Halbe und ganze Paraden

2 Dressurmäßige Arbeit

2/2 Zirkel vergrößern und verkleinern
2/3 Schlangenlinien
2/4 Ganze Bahn
2/5 Halbe Bahn
2/6 Durch die ganze Bahn wechseln mit Volten
2/7 Volte, wechseln und langes Pferd
2/8–2/9 Große und kleine Acht mit Übergängen
2/10 Weg von der Bande
2/11 Schlangenlinien gekringelt
2/12–2/16 Pylonengasse
2/17 Halbe und ganze Übergänge
2/18 Die ganze Parade
2/19 Vorhandwendung
2/20 Schenkelweichen
2/21 Viereck vergrößern und verkleinern
2/22 Schulter vor
2/23 Schulter herein

3 Reiten im Gelände

3/2 Bergauf reiten
3/3 Bergab reiten
3/4 Übergänge und Tempiwechsel reiten
3/5 Nutze den Weg 1 – geradeaus
3/6 Nutze den Weg 2 – Wendungen
3/7 Nutze den Weg 3 – Schulter vor oder Schulter herein
3/8 Nutze die Natur
3/9 Ausdauertraining: Grundlagen
3/10 Ausdauertraining: Trainingsgestaltung

4 Arbeiten vom Boden aus

4/2 Longieren von Übergängen
4/3 Zirkel verschieben
4/4 Hütchentore auf dem Zirkel
4/5 Mickey Mouse
4/6 Longieren mit Zirkel verkleinern und vergrößern
4/7 Longieren mit Stangenarbeit: 4 Stangen auf dem Zirkel
4/8 Ganze Bahn und Mittelzirkel
4/9 Pferdegymnastik: Hoch die Beine
4/10 Stangenmikado
4/11 Halten, rückwärts, antreten
4/12 Vielseitigkeitslongieren im Gelände
4/13 Dehnübung für die Oberlinie
4/14 Das Plie
4/15 Dehnübung für die Längsbiegung
4/16 Dehnübung für die Kruppe
4/17 Dehnübung für die Vorhand/Schulter
4/18 Vorderbein nach hinten dehnen

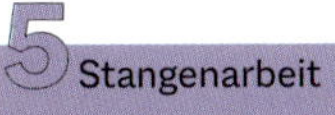

5 Stangenarbeit

5/2 Stangengasse auf der Mittellinie
5/3 Das Quadrat
5/4 Der Stier
5/5 Stangen in der ganzen Bahn
5/6 Das geschlossene Dreieck
5/7 Das offene Dreieck Plus
5/8 Die Spinne
5/9 Schritt/Trab im Rechteck
5/10 Der Quadratfisch
5/11 Der versetzte Wimpel
5/12 Dreierlei Stangen
5/13 Gebogene Linie all in one
5/14 Trab/Galopp auf dem Mittelzirkel
5/15 Stangenparcours 1

6 Springen und Springgymnastik

6/2 Plus/minus -Cavalettis
6/3 In and Outs
6/4 Auf dem Zirkel
6/5 In and Outs auf gebogener Linie
6/6 Sanduhr
6/7 Hindernisreihe 1
6/8 Hindernisreihe 2
6/9 Zick-Zack
6/10 Kehrtvolten gesprungen
6/11 Kleiner Parcours 1
6/12 Kleiner Parcours 2
6/13 Kleiner Parcours 3
6/14 Großer Parcours

7 Reitergymnastik

7/2 Gehvariationen
7/3 Sonnengruß
7/4 Über die Schulter geschaut
7/5 Hals und Nacken locker massieren
7/6 Der Adler
7/7 Kuh-Katze
7/8 Im Liegen nach links und rechts kippen
7/9 Seitlicher Stütz
7/10 Sanftes Bauchmuskeltraining
7/11 Hüftbeuger im Sitzen aufdehnen
7/12 Richtig treiben trainieren
7/13 Die Beckenuhr am Boden
7/14 Die liegende Acht
7/15 Fahrrad fahren
7/16 Mit den Füßen wackeln
7/17 Den Widerrist drücken
7/18 Im Sattel umherrutschen
7/19 Becken bewegen
7/20 Zeigt her eure Fäuste
7/21 Schulter hoch und runter

8 Unsere Woche

Zum Einordnen der ausgewählten Übungskarten

REGISTER

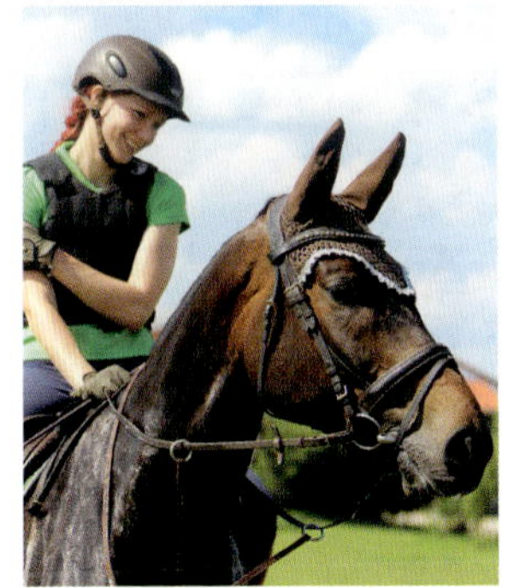

ÜBER DIE AUTORIN

Das Lebewesen Pferd begeisterte Barbara Decker schon seit frühester Kindheit. Es liegt ihr besonders am Herzen, die Arbeit und den Umgang mit dem Pferd je nach Potenzial und Ziel von Reiter und Pferd optimal zu gestalten. Ihre Trainerlizenzen legte sie mit Auszeichnung ab. Auf ihrer Homepage www.pferdvoll-wertvoll.de informiert die Autorin ihre Fangemeinde u. a. mit Übungsvideos und Anleitungen rund um die Themen Reiten und Pferde.

JEDE MENGE DANK GEHT AN ...

... meinen Mann Markus, der mir immer den Rücken freihält und mich unterstützt. Lia, ohne dich wäre diese Idee nie entstanden. Steffi, die mich unterstützt, pusht und fordert. Claudia, ohne dich hätte ich diesen Schritt nie gewagt. Danke für dein offenes Ohr und deine immer ehrliche Meinung. An all meine Reitschüler und Reitschülerinnen, die alle Ideen ausprobieren durften und mir viel Freude am Unterrichten und Lehren bereiten. Ohne euch wäre es nur halb so leicht und nur halb so schön gewesen! Ich danke euch!

SERVICE

»Tür frei, bitte! Der Trainertalk mit Claudia und Babsie« Kostenlos zu hören bei www.podcast.de, iTunes, Deezer, Spotify und Google Podcast

www.das-reitlernsystem.de
Claudia Scheler
Reitunterricht mit System, mit Abwechslung und vielseitig. Für Kinder, Jugendliche und Erwachsene

www.claudiarahlmeier.de
Pferde-Fotografie

www.migocki.de
Pferdeergänzungsfuttermittel

www.filzperformance.com
Individuell angefertigte Filzschabracken

Deutsche Reiterliche Vereinigung e. V. (FN)
Freiherr-von-Langen-Str. 13
D-48231 Warendorf
Tel. +49-(0)2581-63620
www.pferd-aktuell.de

Österreichischer Pferdesportverband (OEPS)
Am Wassersprung 2
A-2361 Laxenburg
Tel. +43-2236-710600
www.oeps.at

Schweizerischer Verband für Pferdesport (SVPS)
Papiermühlestr. 40 H
CH-3000 Bern 22
Tel. +41-(0)31-3354343
www.fnch.ch

QUELLEN

Anatomie, Gymnastizierung, Muskelaufbau: Die besten Übungen für Pferde am Boden. Gillian Higgins, Franckh-Kosmos Verlag, 2017

Anatomie verstehen - besser reiten. Gillian Higgins, Franckh-Kosmos Verlag, 2019

Fit mit Obst. Noch mehr Übungen aus dem Fitnessstudio. Katrin Obst, Franckh-Kosmos Verlag, 2020

Fitnessstudio für mein Pferd. Katrin Obst, Franckh-Kosmos Verlag, 2018

Grundausbildung für Reiter und Pferd, Band 1. FNVerlag der Deutschen Reiterlichen Vereinigung, 32. Auflage, 2019

Hufschlagfiguren und Lektionen E-A. Britta Schön, Müller Rüschlikon, 2020

Lektionen richtig reiten. Britta Schöffmann, Franckh-Kosmos Verlag, 2016

Die Reitabzeichen 5-1 der Deutschen Reiterlichen Vereinigung. Michaela Otte-Habenicht, FN Verlag der deutschen Reiterlichen Vereinigung, nach APO 2020, 2019

Sitzschulung für Reiter. Sibylle Wiemer, Via ad Equos Verlag, 2017

Wie bewegt sich der Reiter? Eckart Meyners, Franckh-Kosmos Verlag, 2016

DIE KÖNNTEN SIE AUCH INTERESSIEREN.

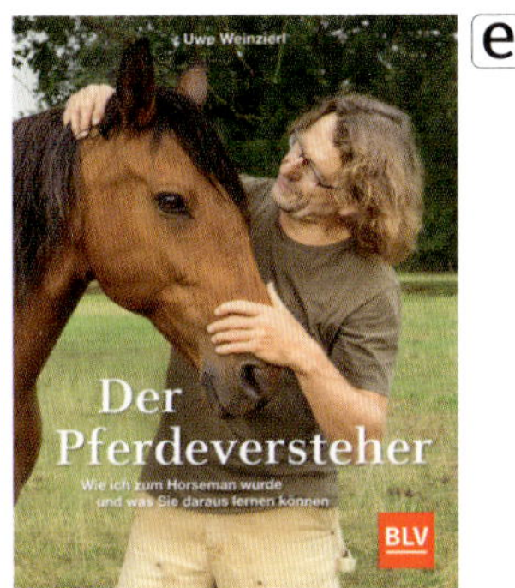

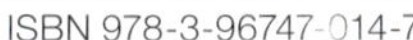
ISBN 978-3-96747-014-7

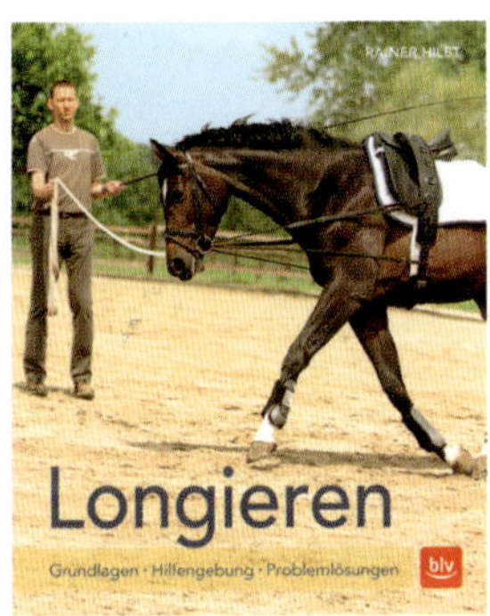

ISBN 978-3-8354-1616-1

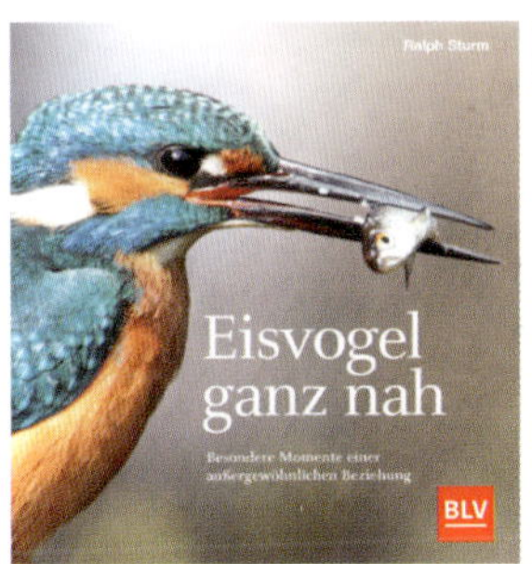

ISBN 978-3-96747-029-1

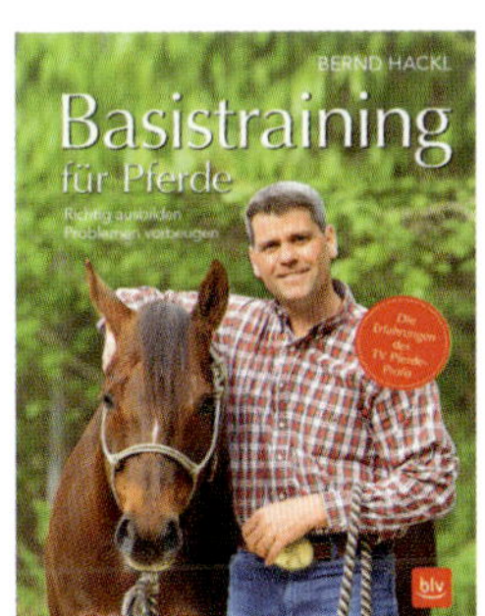

ISBN 978-3-8354-1791-5

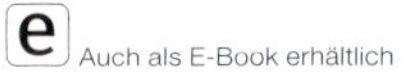
e Auch als E-Book erhältlich

Mehr von BLV auf **www.blv.de**

IMPRESSUM

BLV ist eine eingetragene Marke der GRÄFE UND UNZER VERLAG GmbH, www.blv.de

ISBN 978-3-96747-046-8

1. Auflage 2021

Projektleitung: Susanne Kronester
Lektorat: Christine Weidenweber
Korrektorat: Andrea Lazarovici
Bildredaktion: Petra Ender,
Natascha Klebl (Cover)
Box: independent Medien-Design,
Horst Moser, München
Begleitbuch und Karten: kral & kral design,
Dießen a. Ammersee
Herstellung: Petra Roth
Satz: griesbeckdesign, Dorothee Griesbeck,
München
Repro: Longo AG, Bozen
Printed in China

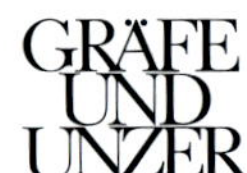

Ein Unternehmen der
GANSKE VERLAGSGRUPPE

Bildnachweis

Cover: Getty Images/Westend 61
Illustrationen: Gisela Rüger
Grafiken: griesbeckdesign,
Dorothee Griesbeck, München

Alle Fotos stammen von Claudia Rahlmeier (www.claudiarahlmeier.de) mit Ausnahme von Begleitbuch S. 61: Pia Sachsenhauser.

Wichtiger Hinweis

Die vorliegende Box wurde sorgfältig erarbeitet. Alle Hinweise und Übungen auf den Karten wurden genauestens recherchiert und vielfach in der Praxis erprobt. Dennoch können weder Autorin noch Verlag für eventuelle Schäden, die aus den in der Box vorgestellten Übungen resultieren, eine Haftung übernehmen.

Liebe Leserin und lieber Leser,

wir freuen uns, dass Sie sich für ein BLV-Buch entschieden haben. Mit Ihrem Kauf setzen Sie auf die Qualität, Kompetenz und Aktualität unserer Bücher. Dafür sagen wir Danke! Ihre Meinung ist uns wichtig, daher senden Sie uns bitte Ihre Anregungen, Kritik oder Lob zu unseren Büchern. Haben Sie Fragen oder benötigen Sie weiteren Rat zum Thema? Wir freuen uns auf Ihre Nachricht!

GRÄFE UND UNZER Verlag
Grillparzerstraße 12
81675 München
www.graefe-und-unzer.de